Sua Santidade o
DALAI LAMA

Caminho da sabedoria, caminho da paz

Depoimento a
FELIZITAS VON SCHÖNBORN

Apresentação de LÚCIA BRITO

Prefácio de WEI JINGSHENG

Tradução de EDUARDO SIMÕES

www.lpm.com.br

L&PM POCKET

Coleção **L&PM** POCKET, vol. 807

Texto de acordo com a nova ortografia.
Título original: *Mitgefühl und Weisheit – Ein Gespräch mit Felizitas von Schönborn*
Primeira edição na Coleção **L&PM** POCKET: agosto de 2009
Esta reimpressão: março de 2019

Tradução: Eduardo Simões
Capa: Ivan Pinheiro Machado. *Foto*: *Dalai Lama* © Steve McCurry/ Magnum Photos
Preparação: Bianca Pasqualini
Revisão: Patrícia Rocha

CIP-Brasil. Catalogação na Fonte
Sindicato Nacional dos Editores de Livros, RJ.

D138c

Dalai Lama, 1935-
  Caminho da sabedoria, caminho da paz; com prefácio de Wei Jingsheng, dissidente chinês e militante dos direitos civis; tradução de Eduardo Simões. – Porto Alegre, RS: L&PM, 2019.
  192p. – (Coleção L&PM POCKET; v. 807)

  Tradução de: *Mitgefühl und Weisheit – Ein Gespräch mit Felizitas von Schönborn*
  ISBN 978-85-254-1930-9

  1. Dalai Lama, 1935- - Entrevistas. 2. Budismo - Aspectos sociais. 3. Compaixão - Aspectos religiosos - Budismo. I. Schönborn, Felizitas von, 1946-. II. Título.

09-3803.   CDD: 294.3444
                                   CDU: 243.4

© 2004 by Diogenes Verlag AG Zürich. Todos os direitos reservados.

Todos os direitos desta edição reservados a L&PM Editores
Rua Comendador Coruja, 314, loja 9 – Floresta – 90.220-180
Porto Alegre – RS – Brasil / Fone: 51.3225.5777

Pedidos & Depto. Comercial: vendas@lpm.com.br
Fale conosco: info@lpm.com.br
www.lpm.com.br

Impresso no Brasil
Verão de 2019

Sumário

Apresentação: Meio século de exílio e milênios de compaixão – *Lúcia Brito* 11

Prefácio – *Wei Jingsheng* 21

Introdução 23
O Dalai Lama pratica seu discurso – Gandhi e os óculos diferentes – Um filósofo feliz e o Vale do Sofrimento – Meditação e a política do poder – Imagens que se erguem do lago – Rosários, bengalas e o Lama de Sera – O "Portador do Lótus Branco" sobe ao trono – Chapéus amarelos e chapéus vermelhos – O protetor de todas as religiões – O chefe de Estado na juventude – De Potala a Dharamsala

Uma conversa 41

Biografia 43
Um ser humano como outro qualquer, não um semideus – Um oceano de sabedoria – Ajudar o próximo é o sentido da minha existência – Minha grande escola foi a própria vida – No Palácio de Potala os relógios trabalhavam de modo diferente – O lótus branco floresce no lodo – Um sorriso é mais bonito do que todas as joias – Um Tibete livre vai votar por conta própria – Ainda fora de Lhasa – Os peregrinos trazem as notícias – Um novo Dalai Lama surgirá quando o mundo precisar dele

Sobre o budismo tibetano 53

As "Quatro Verdades Nobres" valem mesmo se os monges se vestem de maneira diferente – Uma maneira diferente de pensar, sem conflitos – Até mesmo pessoas simples se deleitam com debates acalorados – Uma religião sem Deus – Os ensinamentos do Buda são lógicos – O eu e o outro eu – Existem plantas que curam e ervas venenosas – Mahakaruna – O amor que não exclui ninguém – O retorno do iluminado – Agora é preciso fazer o bem – Não se trata de sonhos materiais – Boas ações, más ações – Mesmo quem nada faz age mal – Um olhar sobre o Tibete

Os deveres das religiões 66

Na trilha do bem – O melhor remédio – A religião como um meio para o poder – Uma crença pessoal – Esperança, apesar de toda a aflição – Pouquíssimas pessoas levam a religião realmente a sério – Assis, 1986 – Orações pelo mundo – As igrejas apoiam o Dalai Lama? – Uma única religião mundial? – *Bodisatvas* podem ser encontrados em muitos lugares – O Buda sorri, Jesus sofre – A humildade de Madre Teresa – Um Geshe católico

"A" humanidade 76

O mais importante: um bom coração – Ética sem religião? – Nossa querida mãe – A guerra começa dentro de nós – Tudo depende de tudo – A crise como oportunidade – Todos são convocados para a busca por novos conceitos – Uma questão de sobrevivência, não um luxo religioso

Diálogo com o mundo moderno 83

Uma ponte entre o conhecimento e a crença – O Caminho do Meio – A nova humanidade é a mesma de antigamente – Quando as circunstâncias requerem – Fundamentalismo

– Quem se torna uma ilha isola a si mesmo – Dois caminhos filosóficos – O dinheiro como medida de todas as coisas – Entre a ascese e o prazer – O rico Ocidente está desapontado – Atrás da bela fachada mora o medo – Não existe apenas "ou... ou" – Os danos da civilização – Um mundo sem tecnologia – Como os dedos de uma mão – O Dalai Lama se interessa pela física

Crise espiritual na prosperidade 97

Mesmo um ateu pode ter fé nisso – Falsos gurus – O jogo do esoterismo – O budismo no supermercado religioso – Não falta entusiasmo pelo esoterismo

Apoio na vida 102

Iluminação sem drogas – O progresso e a crise de sentido – As crianças precisam de afeto acima de tudo? – De geração para geração – Usando o medo para fazer negócios – Preocupar-se muda muito pouco – Para nós, a morte é uma velha conhecida – Velhice, doença e morte: as mensageiras dos deuses – Luz e sombras – Experiências com a morte... – Cada um morre de jeito diferente – A cobiça é a raiz de muitos males – Os maus pensamentos são nossos verdadeiros inimigos – O argueiro em nossos próprios olhos – Os inimigos se tornam amigos – Somos todos humanos

Ideias diferentes de felicidade 117

Felicidade e infelicidade – A bondade humana está à venda numa loja de departamentos? – Os mais elevados objetivos

Paz e meio ambiente 120

No espírito de Mahatma Gandhi – Resistência pacífica – Os chineses também são gratos – O futuro da humanidade

– Os soldados não realizam nada – Um aviso da "Mãe Terra" aos seus filhos – Os peixes estão nadando de novo – *Ahimsa* – A dura pobreza e a boa vida

Sobre a liberdade religiosa no Tibete 127

Eles apenas imitam como papagaios – Um povo sofredor – Logo eles também vão pensar como os chineses da etnia han – A conexão com Pequim – Sanções – Quando o assunto é justiça – Uma cerimônia fúnebre para as vítimas da Praça da Paz Celestial – O Panchen Lama – O governo no exílio

Política e religião 134

Sobretudo os políticos precisam de religião – Conceitos nobres para a humanidade

Análise 137

Quando o pássaro de ferro voa – Alerta, sereno e criativo – O budismo tem várias faces – Diferentes veículos para o nirvana – Entre o hinduísmo e a modernidade – O Dalai Lama não é um papa budista – Todos os seres podem ser libertados – Do samsara ao nirvana – As "Três Joias" – Uma ética que também inclui os animais – Nada de "guerra santa" – Uma religião do bom senso – A dupla face da religião e da filosofia – Buda e os pensadores gregos – Somente o momento é "real" – O carma sobrevive à morte – Sobre a verdade dupla – Um príncipe se torna um sem-teto – Darma-Chakra, a Roda do Ensinamento – O budismo se torna uma religião mundial – Uma mudança de paradigma – O ensinamento do Buda chega ao Tibete – O Grande Quinto – O *sangha* influencia a sociedade – Nada de lamaísmo – *Tulkus* e outros seres iluminados – Imaculado como um diamante – Os mantras são sílabas sagradas – Sobre espíritos famintos e palácios voadores – A Roda da Vida –

O sol brilhante da liberdade – Dias de medo, noites de luto – A reencarnação rompe todas as barreiras – A sociedade justa – Violência e não violência – Schopenhauer, o "budista" – O recomeço budista? – O Tibete e a Europa – Uma crise de sentido no Ocidente – Um supermercado de seitas – A iniciação Kalachakra – Você vai reconhecê-lo por seus frutos – Uma "Budamania"? – Amor e compaixão

Apresentação:
Meio século de exílio e milênios de compaixão

Lúcia Brito*

Um dos oito símbolos auspiciosos do budismo tibetano é o nó infinito, que exprime a união perfeita de sabedoria e compaixão dos budas. Sabedoria refere-se à clara compreensão da natureza última dos fenômenos; compaixão é o desejo de acabar com o sofrimento de todos os seres e lhes proporcionar felicidade. Sabedoria e compaixão são os pilares da prática budista até a iluminação; a alegoria tradicional as descreve como as duas asas de um pássaro. A sabedoria sem compaixão é ríspida; a compaixão sem sabedoria é tola. O nó infinito representa também a inseparabilidade de todas as coisas. E a dependência mútua de doutrina religiosa e assuntos seculares.

O nó infinito pode assim representar as atividades de Sua Santidade o 14º Dalai Lama, tanto como monge e líder espiritual quanto como chefe de Estado. E poderia retratar a inseparabilidade da China e do Tibete, vizinhos cujas histórias estão entrelaçadas há séculos. Infelizmente o relacionamento das duas nações nada possui da harmonia e da complementaridade simbolizadas pelo nó infinito, e a situação está mais para um emaranhado inextricável que ameaça estrangular o povo tibetano e sua cultura até a extinção.

O governo tibetano no exílio, sediado em Dharamsala, na Índia, completou cinquenta anos em 2009. Em 1959,

---

* Lúcia Brito é jornalista, tradutora e estudiosa do budismo tibetano sob orientação do Lama Padma Samten. Traduziu para o português vários livros de Sua Santidade o Dalai Lama.

o Dalai Lama teve que fugir de seu país após um levante fracassado, irrompido em Lhasa a 10 de março daquele ano contra a ocupação chinesa iniciada dez anos antes.

O começo da ocupação tibetana coincide com o fim da guerra civil chinesa e a tomada do poder na China continental pelo Partido Comunista, em 1949. As justificativas da China para ocupar o Tibete remontam ao século XIII, época do domínio da dinastia Yuan (1279-1368), e ao século XVII, da dinastia Ching (1644-1911). Mas de 1913 a 1949 o Tibete foi de fato independente, e mesmo durante os períodos de dominação o território foi basicamente autogovernado.

Em meio século de exílio, Sua Santidade tornou-se um símbolo do budismo e da não violência. Sempre em movimento e, com a agenda lotada, percorre o planeta ministrando ensinamentos para budistas, proferindo palestras públicas, reunindo-se com políticos, empresários e celebridades e participando de eventos ecumênicos – como fez na última visita ao Brasil, em abril de 2006 (as outras foram em 1992 e 1999).

O líder religioso

Para praticantes do budismo tibetano, os Dalai Lamas são emanações de Chenrezig (Avalokiteshvara em sânscrito), o Buda da Compaixão. Chenrezig fez o voto de não descansar antes de pôr fim ao sofrimento de todos os seres sencientes. Em sua atividade iluminada, o Buda da Compaixão não fica esperando que alguém apareça pedindo ajuda, ele vai até os seres e se comunica com eles em termos que possam entender, usando os meios hábeis adequados. Com essa disposição de Chenrezig, o 14º Dalai Lama dirige-se a budistas e não budistas com a mensagem de que a paz e a felicidade são possíveis para indivíduos e sociedades, e ensina métodos para acalmar a mente e as emoções, desenvolver um bom coração e cultivar a harmonia consigo e com os outros. O discurso – e as ações – do Dalai Lama fizeram dele uma celebridade, tornando-o talvez o rosto mais conhecido do budismo no Ocidente, aumentando o interesse popular pelos ensinamentos do Buda, que desde a década de 1950 conquistam adeptos ocidentais através das diferentes linhagens de várias culturas e países asiáticos.

O exílio de Sua Santidade e muitos outros lamas fez o budismo tibetano sair das altitudes rarefeitas do Teto do Mundo e se propagar na direção do Ocidente. Os mestres precisaram adaptar-se à nova situação e aos novos alunos. E o budismo tibetano desenvolveu abordagens adequadas à mente e aos hábitos ocidentais. O conteúdo é o mesmo, mas a apresentação é diferente. Hoje os lamas concedem a grandes grupos de praticantes leigos e novatos iniciações e ensinamentos que tradicionalmente exigem extensas práticas preliminares, vida monástica e transmissão oral e individual apenas a alunos qualificados. O novo sistema segue em paralelo com a formação tradicional, mantida nos mosteiros fundados em outros países.

O budismo tibetano também chegou às livrarias do mundo, e Sua Santidade tornou-se um autor de *best-sellers* escritos com colaboradores de várias profissões e nacionalidades. A produção literária do Dalai Lama divide-se em obras dedicadas ao público em geral, como este livro, e ensinamentos budistas específicos de vários níveis, inclusive assuntos outrora secretos de práticas avançadas.

Sob supervisão de Sua Santidade, a Biblioteca de Obras e Arquivos Tibetanos (Library of Tibetan Works & Archives), sediada em Dharamsala, armazena e publica material sobre budismo, linguagem, história e cultura do Tibete e atua como centro de estudos internacional. Obras clássicas de grandes mestres tibetanos dos séculos passados estão preservadas também no Ocidente, lançadas em cuidadosas traduções de estudiosos ocidentais em parceria com eruditos tibetanos.

Em suas ações para preservar e propagar o legado budista tibetano, o Dalai Lama manifesta uma mente aberta e curiosa, flexível e inovadora. Uma de suas iniciativas mais revolucionárias é o Mind and Life Institute, criado em 1990 para promover o diálogo, a colaboração e a pesquisa entre o budismo e vários ramos do conhecimento moderno, como neurociência, medicina, psicologia, filosofia e física. O Dalai Lama é um entusiasmado apoiador das pesquisas sobre os efeitos da meditação no cérebro e no bem-estar físico e mental, e manifesta grande interesse pelas discussões sobre a natureza da realidade e do universo conforme as visões da filosofia e da física quântica. Desde 1987, as conferências Mente e Vida são um fórum para diálogos entre Sua Santidade e outros estudiosos budistas e representantes dos demais setores. Nesses encontros o budismo entra como uma doutrina filosófica e científica, com teorias e práticas a serem testadas pela ciência moderna, e não como uma prática "mística".

Outra inovação revolucionária estimulada por Sua Santidade é a reforma do currículo das universidades monásticas e das escolas tibetanas no exílio, com o acréscimo de aulas de matemática, física e ciências às disciplinas tradicionais. Atualmente, professores universitários ocidentais viajam para Dharamsala e outras comunidades tibetanas para lecionar para os monges por curtas temporadas.

O líder político

Como líder político e chefe do governo tibetano no exílio, Sua Santidade manifesta igual habilidade para se adaptar. De 1959 a 1979, ele e o kashag (gabinete de governo tibetano) lutaram pela restauração da independência do Tibete. Naquele ano, o líder chinês Deng Xiaoping declarou: "Com exceção da independência, todas as outras questões podem ser resolvidas pela negociação". O Dalai Lama então deu início ao que viria a ser a Abordagem do Caminho do Meio. Em junho de 1988, Sua Santidade, o kashag, a Assembleia de Deputados do Povo Tibetano, funcionários públicos, membros das assembleias locais, representantes de ONGs tibetanas, refugiados recém-chegados e convidados especiais aprovaram a nova abordagem, que compreende os seguintes pontos:

– o Tibete abre mão da independência e permanece dentro da República Popular da China como um governo regional autônomo compreendendo as três províncias tradicionais tibetanas;

– o governo autônomo terá os cargos do legislativo e executivo preenchidos por meio de eleições democráticas populares e sistema judiciário independente;

– até o Tibete tornar-se uma zona de paz e não violência, o governo chinês manterá um número limitado de tropas armadas para a proteção do território;

– a China responderá pelos aspectos políticos de relações internacionais e defesa do Tibete; o povo tibetano tratará de todas as outras questões, como religião e cultura, educação, economia, saúde, ecologia e proteção ambiental;

– o governo chinês deve cessar a violação de direitos humanos e a transferência de chineses para as regiões tibetanas.

A China não foi receptiva às propostas, mas o mundo aplaudiu, e em 1989 o Dalai Lama recebeu o Prêmio Nobel da Paz por sua atitude pacifista e conciliatória. Ao mesmo tempo em que alterava as aspirações em relação à China, o líder tibetano democratizou o governo no exílio, com a elaboração de uma constituição e a realização de eleições e referendos populares. Em 2001, os tibetanos inauguraram seu sistema eleitoral elegendo o Professor Venerável Samdhong Rinpoche para o cargo de kalon tripa (primeiro-ministro); em 2006, Rinpoche foi reeleito por maioria esmagadora.

A Administração Central Tibetana de Sua Santidade o Dalai Lama (nome oficial do governo no exílio) não é reconhecida como governo por nenhum país, mas tem a autorização do governo da Índia para exercer jurisdição efetiva sobre a comunidade tibetana local. A Administração Central Tibetana gerencia escolas, a assistência social, atividades culturais e projetos de desenvolvimento econômico para os refugiados e recebe doações de países e organizações internacionais. Não pode emitir passaporte nem cobrar impostos, mas emite o "Livro Verde" para os refugiados. Os possuidores do livro verde fazem "contribuições voluntárias" anuais para o governo e o utilizam para votar e ter acesso aos empreendimentos mantidos pelo governo no exílio. Para viajar para o exterior, os refugiados precisam de documento fornecido pelo governo indiano.

Sem obter sucesso nas negociações com a China, que foram rompidas em 1993 e retomadas em 2002, o Dalai Lama submeteu a Abordagem do Caminho do Meio e sua própria liderança à aprovação popular em diversas ocasiões desde 1996. A mais recente foi em novembro de 2008, quando 581 delegados representando comunidades tibetanas de 19 países, reunidos em Dharamsala nos dias 17 a 22, reiteraram seu apoio ao líder tibetano e sua política de conciliação com os chineses. Essa assembleia especial foi convocada por Sua Santidade após o fracasso da sétima e da oitava rodadas de negociação com a China desde 2002, realizadas no início de maio e no início de novembro.

O ano de 2008 havia sido marcado pelos protestos populares em Lhasa e outras localidades do Tibete, iniciados a 10 de março por monges dos mosteiros de Sera e Drepung. As manifestações, prontamente sufocadas com rigor, colocaram em risco a passagem da tocha olímpica por Lhasa, mas o evento foi mantido e realizado sob forte esquema de segurança, em junho. Houve expectativa de que as negociações andassem após Sua Santidade declarar que aceitaria ir à China se convidado, mas nada aconteceu.

Ação chinesa

A China alega ter liberado o Tibete de um sistema feudal e levado o desenvolvimento, mas o fato é que os tibetanos hoje vivem como cidadãos de segunda classe em sua terra natal e estão em minoria em relação aos chineses da etnia han. Preteridos no acesso à educação e à saúde, marginalizados social e economicamente, mais de setenta por cento vivem abaixo da linha da pobreza. São coibidos no uso de seu idioma; sua cultura e religião são reprimidas. A China viola os direitos humanos de forma sistemática há cinquenta anos, com detenções arbitrárias (inclusive de menores de idade), julgamentos duvidosos, tortura, desaparecimentos e repressão incessante.

O relatório de 2008 do Centro Tibetano de Direitos Humanos e Democracia informa que os protestos daquele ano deixaram um saldo de pelo menos 120 tibetanos conhecidos mortos a tiro pela polícia e outros dez mortos por tortura, mais de mil casos de desaparecimento involuntário ou forçado e pelo menos 190 condenados a penas que variam de nove meses à prisão perpétua. É virtualmente impossível saber o número de presos políticos tibetanos porque a China não permite o acesso regular de organizações independentes às prisões.

A ocupação chinesa provocou também um violento impacto ambiental. A derrubada das florestas, a agricultura intensiva e a mineração em larga escala provocam erosão do solo, assoreamento dos rios e poluição. A fauna selvagem está em declínio com a degradação do ambiente e a caça, antes proibida. O Tibete virou um depósito de armas e lixo nuclear, e o governo tibetano no exílio foi informado sobre casos de contaminação.

No dia 1º de julho de 2006, em um gigantesco passo para sedimentar seu domínio sobre o platô tibetano, a China inaugurou o último trecho da ferrovia Pequim-Lhasa. A ferrovia mais alta do mundo é uma prodigiosa obra de engenharia – 1.956 quilômetros de extensão, dos quais 960 a 4 mil metros de altitude e chegando à estonteante marca dos 5 mil metros, com 30 quilômetros de túneis e 286 pontes –, concebida para aumentar o turismo, a imigração chinesa e a produção de minérios.

A campanha do governo de Pequim pela posse do Tibete é marcada também pelos ataques ao Dalai Lama. Os chineses são informados por sua imprensa censurada que Sua Santidade é um agitador separatista e que o Tibete sempre fez parte da China. De sua parte, o Dalai Lama tem se reunido com chineses no exterior sempre que possível, para se apresentar e explicar seus pontos de vista, o que costuma causar uma boa impressão nos interlocutores.

O governo chinês não hesita em pressionar outros países para que não permitam a entrada, em seus territórios, de Sua Santidade. Em março de 2009, a África do Sul recusou-se a conceder um visto para Sua Santidade participar de um encontro com outros ganhadores do Prêmio Nobel da Paz, organizado pelo Comitê da Copa do Mundo de 2010. Com isso o encontro foi adiado por tempo indeterminado.

Já a França recebeu Sua Santidade duas vezes em seis meses. O encontro do presidente Nicolas Sarkozy com o líder tibetano em dezembro de 2008 abalou as relações entre França e China. Em junho de 2009, quando o incidente ainda não estava plenamente superado, o Dalai Lama voltou ao país para ser homenageado com o título de cidadão honorário de Paris pelo prefeito Bertrand Delanoë.

O futuro

No dia 6 de julho de 2009, Sua Santidade completou 74 anos. E agora corre contra o tempo na busca de uma solução pacífica para a questão tibetana e pensa em sua morte e no processo sucessório. Às vésperas do aniversário, ele declarou, em um vídeo exibido para centenas de monges e leigos em Dharamsala: "Os Dalai Lamas detiveram a liderança temporal e espiritual ao longo dos últimos quatrocentos a quinhentos anos. Pode ter sido bastante proveitoso. Mas esse período acabou." Sua Santidade é a favor da separação dos poderes político e religioso e da eleição do próximo líder de governo tibetano. Porém, é preciso que seu povo concorde com essa novidade. Ele habilidosamente está tratando disso. E de preparar os tibetanos para sua aposentadoria, seu falecimento e até mesmo para a eventual cessação da existência dos Dalai Lamas.

A delicada questão sucessória vem à tona cada vez que Sua Santidade adoece. Em agosto de 2008, ele cancelou algumas viagens internacionais alegando exaustão. E em outubro submeteu-se a uma cirurgia para a retirada de pedra da vesícula.

Alguns observadores comentam que a China poderia estar esperando beneficiar-se da morte de Sua Santidade, pois já avisou para o mundo que tratará da descoberta e da indicação do 15º Dalai Lama. O Dalai Lama, assim como muitos outros mestres tibetanos, é um *tulku*, uma reencarnação reconhecida. Após a morte de um grande lama, alguns de seus alunos mais próximos encarregam-se de encontrar sua reencarnação. No caso do 15º Dalai Lama, Pequim pretende usar seu Panchen Lama, o segundo na hierarquia tibetana. Tradicionalmente os Panchen Lamas são responsáveis pela confirmação da identificação dos Dalai Lamas e vice-versa. Contudo, o 11º Panchen Lama indicado pelos chineses não é o mesmo reconhecido pelo 14º Dalai Lama, que está desaparecido desde 1995, sem que o governo de Pequim informe para onde ele e sua família foram levados. Assim, é deveras improvável que os tibetanos aceitem um Dalai Lama "made in China".

Além disso, a ausência de Sua Santidade pode abrir espaço para facções mais radicais, como o Congresso Jovem Tibetano, que defende a luta pela independência total do Tibete. Até hoje esses grupos são contidos pela liderança moderadora do Dalai Lama, uma das grandes figuras políticas mundiais da era globalizada, apontado como uma das cem pessoas mais influentes do mundo pela *Time* em 2008 e reverenciado pelos budistas das linhagens tibetanas, sejam tibetanos de origem ou não, como Dalai Lama, Oceano de Sabedoria.

A história do Tibete nos últimos cinquenta anos é a luta de um líder e seu povo pelo direito básico de existir. A questão do Tibete é, portanto, mais que uma questão política, religiosa, cultural, econômica e social. É uma questão de humanidade. Que essa questão possa ser resolvida de forma pacífica e benéfica para tibetanos e chineses, deixando de ser um nó cego para se transformar no auspicioso nó infinito.

Julho de 2009

Prefácio

*Wei Jingsheng**

É uma empreitada quase impossível descrever o Dalai Lama em toda sua importância. Por isso mesmo este livro, que reúne uma série de conversas, é importante, pois aqui ele próprio tem a palavra, fala sobre sua vida, o budismo tibetano, o diálogo do budismo com o mundo moderno, a liberdade religiosa no Tibete, a relação entre política e religião, a crise espiritual em tempos de prosperidade e diferentes conceitos de felicidade. A relevância do Dalai Lama mundo afora é um fenômeno. Como líder político e religioso dos tibetanos, ele dedica suas ações exclusivamente ao bem-estar de seu povo. Milhares de páginas seriam insuficientes se quiséssemos realmente descrever todas as suas facetas.

Embora já tenhamos contato há muitos anos, só pude encontrar o Dalai Lama pessoalmente três anos atrás. Logo de cara nos entendemos muito bem, como se fôssemos velhos conhecidos. Desde então a amizade nos une. O que mais me impressiona nele é a profundidade de sua sabedoria. Ele exemplifica como ninguém o velho provérbio chinês segundo o qual seres iluminados frequentemente aparecem em público de maneira discreta e muito simples. Sua humildade e modéstia, sua alegria pueril e sinceridade às vezes levam muitas pessoas a subestimar a grande pessoa que é o Dalai Lama. Apesar de ter crescido isolado do mundo exterior no Palácio de Potala, ele é surpreendentemente capaz de se solidarizar com os golpes do destino que as pessoas comuns sofrem.

---

* Dissidente chinês e militante dos direitos civis

Já em nosso primeiro encontro falamos sobre o quanto sofreram os tibetanos e os chineses da etnia han sob pressão dos comunistas chineses. No entanto, a grande compaixão do Dalai Lama se estende à dor de todos os povos oprimidos do mundo. Ele é comprometido com a libertação de todas as pessoas privadas de seus direitos em Estados totalitários. Isso denota mais do que uma mera tolerância flexível.

Eu gostaria de expressar aqui minha veneração pelo Dalai Lama como um ser iluminado, de grande visão, virtude exemplar e da mais elevada sabedoria.

Nova York, novembro de 2001

Introdução

O Dalai Lama pratica seu discurso

Seja em Paris ou Viena, em Londres ou Zurique, quando o Dalai Lama aparece, as pessoas vão até ele em bandos. Embora as motivações variem, cada uma delas leva consigo para casa algo de suas palavras de sabedoria e compaixão. Ele se expressa de uma maneira clara, compreensível e bem-humorada. Como ninguém, o 14º Dalai Lama incorpora para o grande público, a sabedoria oriental e o ponto de vista budista. Em tempos de obsessão por celebridades, faltam verdadeiros modelos, figuras de identificação genuína, como dizem os psicólogos. O líder religioso dos tibetanos vive o que ensina. As pessoas sentem isso. "Evitar todo o mal, fazer o bem e purificar seu próprio coração: este é o ensinamento do Buda."

Ele viajou para todas as partes do mundo, encontrou lideranças políticas e outras personalidades importantes, assim como pessoas muito simples, e chegou à conclusão de que a humanidade é basicamente uma grande família. Um velho sonho? Uma utopia impossível de realizar? Para o Dalai Lama, essa visão já se tornou uma questão de sobrevivência em virtude das crescentes redes internacionais e das ameaças globais. Frequentemente repetida, a citação de Rudyard Kipling, "O Oriente é o Oriente, e o Ocidente é o Ocidente, e os dois jamais se encontrarão", tem sido refutada pelo Dalai Lama.

O conceito de interação pacífica entre os povos, segundo ele ensina, baseia-se num fato simples: embora as diferenças culturais possam ser significativas e diversificadas, ainda somos todos seres humanos mortais, desejamos a felicidade e queremos evitar experiências desagradáveis e o sofrimento.

Somos todos sujeitos, como os franceses colocam tão bem, à *condition humaine*, à condição humana da existência. As palavras do Dalai Lama não são as de um político preocupado com a reeleição ou as de um missionário doutrinador, mas sim as de um embaixador da Regra de Ouro da humanidade. Sua mensagem nos convida a corrigir moralmente nosso comportamento em relação ao outro: "Aja em relação aos outros como você gostaria que agissem em relação a você". Os preceitos budistas são diretrizes para um estilo de vida que deveria satisfazer a todos, um caminho intermediário que tenta evitar extremos, uma mistura de franqueza e dúvida.

No amplo saguão de um hotel em Genebra há um zumbido parecido com o de uma colmeia. Amenidades ditas em muitas línguas acompanham os aperitivos. Centenas de hóspedes convidados se reuniram para ouvir as palavras de Sua Santidade o 14º Dalai Lama durante o almoço. Uma mulher americana comenta em voz alta: "O Dalai Lama... Ele é um camarada tão engraçado." Ela relata como ele supostamente irradia uma alegria de vida, conta piadas constantemente e consegue rir de si mesmo. Depois de vários discursos com palavras bonitas porém vazias, uma sonolência toma conta da sala. Mas todo mundo de repente fica bem acordado quando o "budista humanista", como ele chama a si mesmo, começa a falar. O que ele diz, e como diz, toca as pessoas.

Gandhi e os óculos diferentes

No outono de 1988, quando encontrei o Dalai Lama pela primeira vez por ocasião de um encontro no Conselho

Mundial de Igrejas, tibetanos de várias partes da Suíça estavam esperando pacientemente, em frente ao hall de entrada, por seu líder espiritual e religioso, a encarnação do bodisatva Chenresig. O Dalai Lama finalmente apareceu com passos firmes, em suas vestes vermelhas como romãs e amarelas como açafrão. O vermelho é a cor da compaixão, e o amarelo, da sabedoria. Os tibetanos se atiraram ao chão. Rapidamente o monge de cerca de cinquenta anos se curvou e ajudou os jovens budistas a se reerguerem. Este gesto deixou uma impressão indelével em mim. Ele expressou modéstia, determinação ágil e disposição amável.

Diante da imprensa, demonstrando conhecimento, ele respondeu a perguntas sobre os mais recentes acontecimentos nas colônias chinesas impostas no Tibete e sobre o sofrimento de seu oprimido povo. O Dalai Lama se diz "um político contra sua própria vontade". E, no entanto, é sobretudo graças à sua personalidade que o drama dos tibetanos que vivem no "teto do mundo", na terra coberta de neve do Himalaia, não foi completamente esquecido pela comunidade internacional. Mesmo quando os flashes estão sobre ele, seu humor não o abandona. Em resposta a uma pergunta sobre a diferença entre o Dalai Lama e Mahatma Gandhi, diz, brincalhão: "Nossos óculos são diferentes". E quando as pessoas lhe pedem detalhes sobre sua "iluminação", cita, sorrindo, um ditado budista: "Todos os 'seres iluminados' são cheios de conhecimento, mas eles não têm a menor ideia a respeito de nada". Faz parte da filosofia budista a crença de que este mundo, este vale de sofrimento que temos de superar, também deve ser um lugar para o riso e a alegria.

O presidente da neutra Suíça recebeu o Dalai Lama pela primeira vez em Berna, em agosto de 1991. Naquela época, como em muitos países, o reconhecimento diplomático da China já havia sido estabelecido, sobretudo por motivos econômicos. O Dalai Lama agradeceu aos cidadãos suíços por sua acolhida e desculpou-se educadamente por conta de quaisquer dificuldades que pudessem advir em função de sua visita ao país. Desde 1985, ele tem ido repetidas vezes à Suíça, pois a maior comunidade tibetana fora da Ásia, com cerca de dois mil membros, vive ali. O Dalai Lama é dotado do tipo de amor, bondade e compreensão que também contempla seus opositores políticos.

Até mesmo quando está descrevendo as cruéis violações dos direitos humanos cometidas contra seu povo, ele, um defensor da não violência, distancia-se de qualquer ódio em relação aos chineses.

Essa atitude diferencia completamente o líder religioso tibetano do fanatismo religioso com que a seita talibã dos wahhabitas no Afeganistão, por exemplo, prega o ódio e pratica assassinatos em retaliação. A Teologia da Libertação cristã também age num delicado campo de tensão... Especialmente na América Latina. Por outro lado, por conta de seu silêncio em relação ao estado deplorável das circunstâncias sociais, a igreja corre o risco de se tornar uma cúmplice das classes dominantes, que frequentemente mantêm seu poder somente através de esquadrões da morte. Por outro lado, os teólogos da libertação chegaram a pegar em armas em seu engajamento a favor das populações rurais oprimidas e terminaram num redemoinho de violência e contraviolência.

Um filósofo feliz e o Vale do Sofrimento

Numa missa em agosto de 1991, realizada em Zurique durante um festival internacional que comemorava o aniversário de setecentos anos da Suíça, o Dalai Lama cantou a plenos pulmões uma antiga melodia budista. Em meio a mais de duas mil pessoas, foi a personalidade dele que se destacou. Perto dele, o dissidente católico Eugen Drewermann, de Paderborn, parecia deprimido e pálido. Como o grande pensador grego Demócrito, o Dalai Lama é um filósofo feliz. Ele sabe que compaixão verdadeira e piedade sentimentalista não são a mesma coisa.

Na primavera de 1993 encontrei o Dalai Lama, agraciado com o Prêmio Nobel da Paz em 1989 por ocasião da Conferência dos Direitos Humanos de Viena. Os chineses queriam impedi-lo de falar diante das Nações Unidas sobre o sofrimento de seis milhões de tibetanos sob seu domínio. No entanto, como resultado disso, a causa do Tibete acabou atraindo mais atenção. Uma declaração de Mao demonstra bem como os chineses levam o Dalai Lama a sério. Quando ficou sabendo de sua bem-sucedida fuga em 1959, Mao teria dito: "Acho que perdemos a batalha no Tibete". A essa altura ele havia avaliado corretamente o povo tibetano. Ainda hoje, após mais de quarenta anos de propaganda antirreligiosa, o Tibete é um dos países mais religiosos do mundo. O Dalai Lama, mesmo no exílio, permanece a figura-símbolo da resistência pacífica.

Durante nossa conversa sua risada inimitável e contagiante irrompia a toda hora. Certa vez uma colega me confidenciou que nos momentos tristes ela ouvia aquela risada num gravador. Nos quartos do hotel vienense predominava um vaivém de monges e colaboradores que cuidavam do Dalai Lama. A reverência deles era bem perceptível. O líder dos tibetanos ouviu cada uma das minhas palavras. Seus interlocutores sempre se impressionam com sua capacidade de ouvir. Ele respondeu em seu inconfundível inglês irregular, sem deixar de notar cada um que entrava na sala, acenando com a cabeça. Ninguém deveria se sentir deixado de fora. A atenção é uma importante virtude budista.

Meditação e a política do poder

Ele é um homem bastante incomum. O Dalai Lama une a desenvoltura de uma "criança divina" à energia de um político e à agilidade intelectual de um pensador com formação filosófica. Ao mesmo tempo ele irradia uma bondade e uma cordialidade que fazem com que qualquer insegurança e desconfiança desapareçam. Sua linguagem soa simples como a de uma criança, às vezes quase banal, e no entanto faz vibrar a alma profundamente. A meditação diária não parece transportá-lo para mundos espirituais distantes, e sim parece dar-lhe forças para manter a originalidade em seus inúmeros encontros e constantes aparições na mídia. Uma sabedoria milenar intacta fala através dele. Ele incorpora o budismo tibetano que é ainda hoje a forma mais coesa e completa da crença. Apesar da multifacetada e complexa estrutura de seu pensamento, todo mundo pode acompanhar suas palavras carregadas de humanidade.

Tenzin Gyatso, o 14º Dalai Lama, vem de uma família de fazendeiros. Uma força rústica, no melhor sentido da palavra, ainda irradia dele. Sua formação é baseada numa antiga tradição. No entanto, hoje ele se movimenta no palco político mundial pela causa do povo tibetano, de modo diferente de seus ancestrais. Ele também se interessa por invenções tecnológicas modernas e gosta muito de debater com cientistas do Ocidente acerca das mais recentes descobertas.

Este Dalai Lama constrói pontes entre mundos diferentes de um modo que quase ninguém mais faz: entre os primórdios do budismo há mais de 2,5 mil anos e as mais recentes teses especulativas de físicos nucleares, entre a perseverança do Extremo Oriente e o agitado mundo ocidental, entre ensinamentos religiosos e interesses políticos pelo poder, entre o mergulho meditativo e o envolvimento ativo com as coisas do mundo. Desde a entrega do Prêmio Nobel da Paz, em 1989, por conta de seu incansável engajamento por um mundo mais humano, ele é um dos maiores líderes espirituais de nosso tempo.

Imagens que se erguem do lago

Os ocidentais a toda hora se surpreendem com o modo como os tibetanos encontram seu novo líder. Antigamente era tarefa do governo de Lhasa localizar o Dalai Lama. Como cada Dalai Lama é a reencarnação de seu antecessor, a busca começa somente alguns anos após a sua morte. Quando o 13º Dalai Lama morreu, em 1933, a Assembleia Nacional nomeou o Rinpoche Reting como regente interino. Dois anos mais tarde, o regente iniciou uma peregrinação com vários outros dignitários até o lago sagrado de Lhamoi Lhatso no mosteiro Chokhogyal, 150 quilômetros ao sul de Lhasa. Os tibetanos dizem que este lago é conhecido por permitir à pessoa que lhe faz uma pergunta ter visões de outros mundos. O Rinpoche Reting e seus acompanhantes reconheceram três sílabas tibetanas na superfície do lago: "ah", "ka" e "ma". Entre outras coisas, viram também os telhados dourados e verdes de um mosteiro e uma pequena casa de fazenda com telhas azul-turquesa. De início, essa visão foi mantida em segredo.

Os relatos dos monges que vagam pela distante "terra da neve" para encontrar a reencarnação de seu líder, através de sinais e milagres, soam como um conto de fadas aos ouvidos ocidentais. Eles lembram as lendas bíblicas dos Três Reis Magos do Oriente, que saíram em busca do divino menino Jesus. Ainda hoje o Dalai Lama e seu governo fazem perguntas ao Oráculo de Nechung acerca de seus assuntos de Estado. Um oráculo com tamanha capacidade de clarividência é visto como mediador entre as esferas natural e espiritual. Tenzin Gyatso, o atual Dalai Lama, enfatiza que não tem ele mesmo tais habilidades.

Quanto à visão de Reting Rinpoche no lago de Lhamoi Lhatso, visão que ajudou a encontrar o Dalai Lama, ele afirma em seu modo bem-humorado e lacônico: "É provavelmente uma forma antiga de televisão". Mas também é verdade que através de séculos de treinamento espiritual, os tibetanos tenham desenvolvido técnicas "parapsicológicas", que têm sido pouco estudadas pela ciência. Para os elevados Lamas, no entanto, elas não passam de manifestações secundárias; eles se preocupam sobretudo com a transformação espiritual, cujo objetivo principal é o amor por todos os seres.

Rosários, bengalas e o Lama de Sera

Em 1937, vários grupos saíram à procura das construções que haviam sido vistas no lago sagrado. Como o corpo do falecido 13º Dalai Lama permanecia no seu trono, com seu rosto virado para o leste, a busca foi concentrada nesta direção. O Ketsang Rinpoche, do mosteiro de Sera, e dois outros monges, procurando na província de Amado, em Dokham, encontraram o mosteiro de Kumbum, com seu telhado dourado e verde. E, na localidade próxima de Trakster, acharam a casa da fazenda com telhas azul-turquesa. Antes de os três monges entrarem na casa, Ketsang Rinpoche trocou suas roupas por as de um serviçal. Ele levava consigo o rosário do falecido 13º Dalai Lama.

Quando o suposto serviçal sentou-se na cozinha, Lhamo Thöndup, nascido no dia 6 de julho de 1935, então com dois anos, pulou em seu colo e pegou imediatamente o rosário. O Rinpoche prometeu dar-lhe o rosário se conseguisse adivinhar quem ele era. Sem pensar, o garoto disse: "O Lama de Sera". De uma só vez, ele disse ainda os nomes dos outros dois estranhos. Isso foi seguido de uma série de testes.

Objetos genuínos que haviam pertencido ao falecido Dalai Lama e cópias, que pareciam idênticas aos originais, foram mostrados ao menino. Quando mostraram a ele dois rosários pretos e dois rosários amarelos, assim como duas rodas de oração, ele escolheu os objetos certos sem esforço. Com as duas bengalas o garoto inicialmente hesitou, mas depois pegou a correta. Isso serviu de confirmação de que o menino devia ser a reencarnação do Dalai Lama. A bengala escolhida era a que o 13º Dalai Lama sempre carregava consigo; a outra, ele presenteara após usá-la por pouco tempo.

O "Portador do Lótus Branco" sobe ao trono

Todos estavam de acordo que a sílaba "ah" era de "Amado", a sílaba "ka" referia-se ao mosteiro Kumbum, e que "ma" significava o mosteiro de Karma Polpai Dorje. Foi nesse mosteiro que o 13º Dalai Lama ficou em sua viagem de volta da China. Através deste e de outros sinais reforçou-se a convicção de que a criança devia realmente ser o 14º Dalai Lama. Entretanto, eles ainda enfrentaram duras negociações com o governador muçulmano que controlava a região em nome dos chineses. Somente depois de pagarem um alto preço de resgate foi possível trazer o garoto e sua família para a capital, em 1940.

Em Lhasa, ele recebeu o nome de monge Tenzin Gyatso e foi oficialmente nomeado o 14º Dalai Lama. No dia de sua entronização ele recebeu outros nomes: "Portador do Lótus Branco", "A Joia dos Desejos Realizados", "A Joia da Vitória", "Mestre Incomparável". Os tibetanos simplesmente chamavam seu líder de Kundun. Começava então para a criança um caminho em que ela logo encontraria difíceis tarefas políticas.

Chapéus amarelos e chapéus vermelhos

Para melhor entender o papel do Dalai Lama, alguns conceitos fundamentais devem ser esclarecidos. Ele é tanto o líder espiritual quanto político do Tibete e dirige a "Escola dos Virtuosos", os Gelugpas. Por conta de suas vestes, eles são também chamados de "Chapéus Amarelos". O líder da segunda escola, da Kagyü, dos "Chapéus Vermelhos", é o Karmapa. O 17º e atual Karmapa é Ugyen Trinley, nascido em 1985 e reconhecido pelo Dalai Lama em 1992. No fim de 2000, ele saiu do mosteiro Tsurphu, no Tibete, e fugiu, passando pelo Himalaia em direção a Dharamsala, no norte da Índia, como o Dalai Lama havia feito em 1959.

Ambos os líderes espirituais são bodisatvas para os budistas. São "seres iluminados" perfeitos, que depois de sua morte poderiam entrar no Nirvana, mas que resistem por compaixão, Karuna, até que os outros seres sejam redimidos. Eles são considerados as reencarnações do bodisatva Chenrezi ("Olhar com olhos claros").

Chenrezi é o padroeiro da Terra da Neve, o Tibete. Todos os acontecimentos principais e personalidades importantes são ligados a sua atuação. O "Pai do Povo Tibetano", o Rei Songtsen Gampo (620-649) também visto como sua personificação. O caminho de um bodisatva começa com o *Bodhicitta*, o espírito da iluminação, e com um voto, pranidhana.

O protetor de todas as religiões

Sob o comando dos Dalai Lamas, o Tibete se tornou um Estado hierárquico e monástico com uma rica cultura monástica, consideravelmente destruída pela Revolução Cultural chinesa. No entanto, o Dalai Lama ainda permanece sendo o protetor de todas as tradições budistas no Tibete, assim como da antiga religião local Bön e dos muçulmanos, que também estão presentes na Terra da Neve.

O segundo líder espiritual depois do Dalai Lama é o Panchen Lama. Ele é considerado a reencarnação do Buda Amithaba (Amida), um dos budas mais importantes e populares. Até agora, ele tem sido o líder espiritual que substitui um Dalai Lama após a sua morte. O último Panchen Lama morreu repentinamente em janeiro de 1989 sob circunstâncias que ainda não foram esclarecidas.

Em 1995, o Dalai Lama selecionou Gendun Choekyi Nyima, então com seis anos, como sucessor do Panchen Lama. Em resposta, os chineses imediatamente apresentaram seu próprio Panchen Lama. Desde então, não se sabe ao certo o destino de Nyima e de seus pais. Boatos de chineses dão conta de que ele foi banido para uma província remota do Tibete. Os tibetanos exilados chamam Nyima de "o mais jovem prisioneiro político do mundo". Somente há pouco tempo Pequim parece ter concordado em deixar que dignitários espirituais apontados pelo Dalai Lama participem de uma busca por Nyima.

Quando o Dalai Lama se mudou para o Palácio de Potala ainda criança, Ling Repuxe e Trijang Rinpoche cuidaram principalmente de sua educação religiosa. Uma vez por mês ele via seus pais, que foram elevados à nobreza. Ele impressionou as pessoas com sua inteligência. Heinrich Harrer relatou que o jovem Dalai Lama já era um garoto notavelmente independente. Como resultado, ele contrastava com muitos de seus antecessores, que durante toda sua vida permaneceram como marionetes nas mãos de seus mentores e deixaram o governo para os regentes.

Harrer, que também ensinou o Dalai Lama e o tornou conhecido na Europa com seu livro *Sete anos no Tibete*, escreveu: "As pessoas ainda falam verdadeiras maravilhas sobre a inteligência desta criança. Dizem que ele precisa ler um livro apenas uma vez para memorizá-lo. Já cedo ele se interessava por todos os assuntos de Estado e criticava ou elogiava as decisões da Assembleia Nacional." Aos quinze anos, o Dalai Lama começou sua educação religiosa pública.

O chefe de Estado na juventude

Quando o Tibete foi ameaçado pela China comunista, o Dalai Lama, então com dezesseis anos, assumiu a responsabilidade política. Como seus antecessores, ele tentou democratizar a rígida ordem teocrática do Tibete, enfrentando, no entanto, uma grande resistência. Ele queria eliminar o princípio da dívida hereditária que condenava muitas famílias a uma vida de pobreza. Isso desagradou a elite tibetana, que temeu perder seus privilégios. Ele também se empenhou por um sistema de educação universal. Para os ocupantes chineses, um Dalai Lama reformador não se encaixava em seus conceitos de feudalismo, do qual eles queriam "libertar" os tibetanos.

Num certo sentido, ele "caiu" na política mundial e se tornou um político contra sua própria vontade. Os chineses limitaram cada vez mais a autonomia inicialmente dada ao Dalai Lama. Em 1954, junto ao Panchen Lama, em Pequim, ele tentou em vão negociar a liberdade do Tibete com Mao Tsé-Tung e Zhou Enlai... Em 1956, ele se encontrou com o primeiro ministro Pandit Nehru na Índia, que o recebeu apenas como líder religioso e não o ajudou. Assim que a situação dos tibetanos piorou, o Dalai Lama fugiu em 1959 com cerca de cem mil tibetanos para a Índia e formou um governo no exílio. Desde então sua principal tarefa tem sido facilitar que muitos dos refugiados que seguiram seu líder possam se estabelecer na Índia. Em 1963, ele esboçou uma Constituição que deveria tornar possível que os tibetanos fossem governados democraticamente no futuro. O mundo quase não se deu conta do governo exilado à época – embora tenha havido três resoluções da ONU, infrutíferas. Assim como Nehru, muitos líderes políticos do ocidente receberam o Dalai Lama somente como um líder religioso, e não como chefe de Estado. Depois da entrada da República Popular da China nas Nações Unidas, a questão do governo exilado não foi mais discutida até 1991. Ponderações de natureza econômica estavam em primeiro plano. Os Estados que queriam fazer negócios com os chineses temiam incomodar a China ao mencionar suas violações dos direitos humanos. Na Conferência dos Direitos Humanos de 1993, em Viena, a China havia inicialmente conseguido excluir a participação do Dalai Lama. A exclusão foi suspensa somente quando o ministro das Relações Exteriores da Áustria, Alois Mock, na posição de presidente da conferência, interveio.

Por ocasião de sua vigésima segunda visita à Alemanha, em 1999, o Dalai Lama foi recebido tanto pelo então ministro das Relações Exteriores, Joschka Fischer, quanto pelo ministro do Interior, Otto Schily. Durante visitas assim, o Dalai Lama pleiteava uma solução consensual com Pequim para uma verdadeira autonomia cultural do Tibete. O governo federal alemão deixou claro que não apoiava a independência do Tibete e permanecia a favor do princípio de "uma única China".

A Conferência Mundial do Milênio, que aconteceu em agosto de 2000, em Nova York, também foi ofuscada pela ausência do Dalai Lama, provocada pela República Popular da China. Mais de mil líderes espirituais de todas as religiões se encontraram para uma conferência de quatro dias sobre a paz mundial. Eles queriam diminuir as tensões ligadas à crença religiosa e mostrar seu engajamento pela paz, pela proteção do meio ambiente e pela luta contra a pobreza. Os organizadores do encontro por fim sugeriram, como uma solução conciliatória, transferir a segunda parte da conferência para o hotel Waldorf Astoria, em Nova York. O Dalai Lama foi convidado para dizer as palavras de encerramento do encontro. O líder tibetano, no entanto, recusou o convite com a declaração oficial de que não queria se tornar motivo de desavenças.

Em 1990, depois que o presidente da então Checoslováquia, Vaclav Havel, recebeu o Dalai Lama – como poucos chefes de Estado tinham feito, a exemplo do Papa e do presidente do México, Carlos Santos – o gelo parecia ter sido quebrado. Em 1991 seguiram-se visitas a George W. Bush, ao primeiro-ministro inglês John Major e à primeira-ministra norueguesa Gro Harlem Brundtland. Ele visitou Bill Clinton e Thomas Klestil em 1993 e Nelson Mandela em 1996. E, em 1998, visitou Jacques Chirac e Lionel Jospin, no Palácio do Eliseu. Em sua incansável dedicação à causa do Tibete, o Dalai Lama viajou a 52 países. Além de ganhar o Prêmio Nobel da Paz em 1989, ele foi condecorado 56 vezes desde 1957. Sua Santidade tem 26 títulos de doutor honoris causa, possui títulos de professor honorário em duas universidades russas e já escreveu mais de cinquenta livros.

Até o momento, no entanto, seu governo não foi reconhecido por nenhum Estado. Hoje, a instituição do Dalai Lama entre os tibetanos certamente não é mais inquestionável. Assim pensa By Huitzi, que escreveu na revista *Lungta* (página 24 do número 7), voltada para os exilados tibetanos, que a devoção de muitos tibetanos em relação ao Dalai Lama torna mais difícil para a comunidade exilada o "processo de democratização". Eles ainda veem nele o mestre incontestável e acreditam que aqueles que criticam o Dalai Lama estão se rebelando contra ele. Ao mesmo tempo, o Dalai Lama permanece um prisioneiro da tradição monástica, contra o que ele próprio não pode entrar em choque. Mas essas são apenas vozes isoladas entre os tibetanos que vivem no exterior.

De Potala a Dharamsala

Sua Santidade o 14º Dalai Lama não vive como seu antecessor, protegido do resto do mundo, no gigantesco Palácio de Potala, a residência de inverno dos Dalai Lamas anteriores em Lhasa, a capita tibetana. O palácio com mais de mil cômodos e salões, escolas para funcionários públicos, um mosteiro e muitos templos era um símbolo da posição hierárquica do líder espiritual e político dos tibetanos. "Até então, estávamos paralisados pela formalidade", ele diz, em retrospecto. "Quase não se podia falar livremente e respirar. Num certo sentido, a fuga de Lhasa foi absolutamente salutar. Além disso, obtive uma compreensão ainda mais profunda da religião, sobretudo da impermanência de todas as coisas."

Desde sua fuga, o Dalai Lama tem levado uma vida simples e monástica na cidade indiana de Dharamsala. E não parou de trabalhar incansavelmente para seu povo. Em suas palestras sobre harmonia e paz mundial, Tenzin Gyatso empenha-se por um melhor entendimento entre as religiões e as culturas. Seus pensamentos são compreendidos por todo mundo. O Dalai Lama urge para que se tenha uma postura de responsabilidade universal a fim de superar os perigos globais enfrentados pela humanidade. A mensagem diz que cada um de nós deveria se solidarizar com o sofrimentos e as necessidades dos outros como se fossem seus. Sua perspectiva budista universal atravessa todas as fronteiras e barreiras.

A conversa que segue é o resultado de vários encontros na Suíça e na Áustria entre os anos de 1988 e 1993. Em várias passagens ela foi complementada e revisada para que houvesse mais clareza. Muitas vezes foi necessário ultrapassar as barreiras da língua com uma tradução do tibetano. Apesar disso, espero que eu tenha tido êxito ao reproduzir algo da complexa simplicidade do 14º Dalai Lama.

Gostaria de agradecer a Tica Broch e Arianne Poux, representantes em Genebra do Comitê de Apoio ao Tibete na Suíça; a Gyaltsen Gyaltag em Zurique, representante do Dalai Lama na Europa Central e Meridional, assim como na ONU; a Geshe Thupten Tinpa em Dharamsala; ao Lama Tchokdroup; a Gonsar Rinpoche, abade de Mont Pèlerin; a Alexandra Hohenlohe e Anja Meran; assim como a Lea Spier, ao dr. Wan-Hussan Yao-Weyrauch e a Shan-Shan Wei-Blank, por sua ajuda e apoio.

Uma conversa

BIOGRAFIA

Um ser humano como outro qualquer, não um semideus

FELIZITAS VON SCHÖNBORN: *Até mesmo as pessoas que quase nada sabem acerca do Budismo e do Tibete prestam atenção quando ouvem as palavras "Dalai Lama". Para muitos, elas têm um som misterioso, que evoca as montanhas cobertas de neve do Tibete, com seus habitantes vestidos com roupas coloridas e as rebuscadas tankas. O que o ofício de Dalai Lama significa para o senhor?*

SUA SANTIDADE: Como você pode imaginar, há grandes expectativas em torno do Dalai Lama em todos os lugares, e muitas pessoas me respeitam. Mas eu sou um ser humano como outro qualquer. Sou um monge que deve preocupar-se mais com o bem-estar dos outros do que consigo mesmo. Diariamente eu tento, com todas as forças, trabalhar de modo a me aperfeiçoar. Nós chamamos isso de *bodhicitta*, o pensamento voltado à iluminação. É o desejo altruísta de alcançar a iluminação a fim de libertar todos os seres vivos do sofrimento. Em uma oração do século VIII, esse desejo é expresso assim:

Enquanto houver espaço e tempo, enquanto ainda houver seres que devem atravessar repetidas vezes o ciclo do renascimento, que eu também esteja com eles e possa tirar seu sofrimento.

No budismo tibetano, acreditamos que o Dalai Lama seja uma reencarnação do Avalokiteshvara (Chenresig em tibetano). Ele é o bodisatva da compaixão e o protetor de todos os seres vivos. Eu sou a 74ª encarnação, em uma linhagem que começa com um garoto brâmane da época do Buda Sakyamuni. Nós acreditamos em seres, grandes lamas ou tulkus (como são chamados em tibetano), que são capazes de determinar seu próprio renascimento. Esses lamas incluem também o Dalai Lama, cuja reencarnação teve início em 1351. Essas reencarnações acontecem apenas para que os Dalai Lamas possam cumprir suas tarefas. Isso é algo de grande importância na busca pelo respectivo sucessor. Segundo nossas crenças, há uma conexão espiritual e uma força cármica que me possibilitam assumir o papel do Dalai Lama.

Um oceano de sabedoria

O que significa "Dalai Lama"?

"Lama" significa "o mestre insuperável". Dalai é uma palavra mongol que quer dizer algo como "oceano". Em sentido figurado, Dalai Lama significa um "oceano de sabedoria". Acredito, no entanto, que o título esteja relacionado com o 3º Dalai Lama, Sonam Gyatso. De acordo com a tradição, ele foi o primeiro a receber o título de Dalai de um chefe mongol. Também pode ser que a palavra *gyatso*, que significa "oceano" em tibetano, tenha sido traduzida para o mongol. Até a quinta reencarnação, os Dalai Lamas tinham somente funções religiosas. O 5º Dalai Lama foi o primeiro a assumir a liderança do Estado, de modo que os comandos político e religioso foram unificados em uma pessoa.

Ajudar o próximo é o sentido da minha existência

Na Europa, parece que as forças espirituais e as seculares nunca conseguiram trabalhar em harmonia. Como foi possível, no Tibete, unir em uma só pessoa duas maneiras tão opostas de ser – a simplicidade de um mendicante e a atividade política de um chefe de Estado?

Seja como monge ou como chefe de Estado, para mim, o significado da vida é ajudar os outros – especialmente os seis milhões de tibetanos que depositam toda sua esperança em mim. Como resultado, carrego uma responsabilidade considerável sobre os ombros. É claro que vejo em primeiro plano minha missão de ajudar meu povo e servi-lo com toda a dedicação. Através da ajuda sincera aos outros tem-se um proveito duplo, pois ao mesmo tempo nos tornamos felizes.

A maneira como faço jus ao meu papel depende muito de mim mesmo. Somente quando consigo de fato cumprir com minha tarefa o cargo de Dalai Lama se torna útil. Mas, para mim, minha integridade e a autenticidade das minhas motivações são certamente decisivas – independentemente de que eu possa ou não alcançar os objetivos políticos do meu povo.

Por outro lado, é claro que é perigoso que o povo tibetano espere que as circunstâncias opressivas em nossa terra possam ser modificadas por uma única pessoa, mesmo que essa pessoa seja o Dalai Lama. Não se trata somente do presente. Também devemos encontrar soluções para o bem-estar e a sobrevivência de nossa nação em gerações futuras. Esta é a minha principal preocupação.

Não fui preparado originalmente para política internacional. Quando assumi o governo em 1950, aos dezesseis anos, não tinha qualquer experiência política. Mal conseguia lidar com as convenções diplomáticas. Com o passar do tempo isso mudou. Tenho me beneficiado de minhas experiências das últimas décadas, de vários contatos com líderes políticos e outras personalidades importantes.

Minha grande escola foi a própria vida

Sua Santidade, o senhor disse que não foi suficientemente preparado para o importante papel que tem hoje na política internacional. Existe uma educação especial para o Dalai Lama?

Eu não tive uma educação diferente daquela que um monge tibetano costuma receber. Aos treze anos comecei a estudar filosofia, o significado correto dos conceitos e a arte da discussão. Depois, a arte da caligrafia. Depois das aulas de escrita, tive de memorizar os textos budistas. Meu plano de aulas era constituído de cinco disciplinas principais e outras cinco secundárias. As principais disciplinas eram dialética, arte e cultura tibetanas, gramática e linguística, medicina e filosofia budista. As secundárias eram poesia, música e teatro, astrologia, métrica e expressão e vocabulário. Para o doutorado bastavam filosofia budista, lógica e dialética e epistemologia. Em 1959, enquanto eu ainda estava no Tibete, pouco antes de minha partida para o exílio na Índia, completei meus estudos com uma prova – um debate em frente a milhares de pessoas. Foi-me concedido o título de Geshe, o mais alto grau filosófico.

Também obtive vários conhecimentos através de meditação periódica, várias vezes ao dia. Nós temos dois principais tipos de meditação. Um deles foca a concentração, a paz interior; outro envolve análise, um conhecimento mais profundo das coisas. Nas minhas práticas de meditação, preocupo-me sobretudo com a compaixão, com a distinção entre o Eu e os outros e com a maneira com que todas as coisas e os seres vivos, em especial os seres humanos, são interdependentes entre si. Rezo, medito ou estudo todo dia por cinco horas e meia ou até mesmo mais. Também rezo durante o resto do dia sempre que tenho oportunidade. Temos orações para tudo que fazemos. Para os budistas quase não há diferença entre religião e o dia a dia.

No entanto, minha escola mais importante foi a própria vida, com seus imensos desafios e as muitas dificuldades que meu povo tem de vencer. Meu destino de refugiado muitas vezes me levou a situações de desespero, quase sem esperança. Forçou-me constantemente a encarar a realidade nua e crua. Sob essa constante pressão, precisei repetidas vezes provar minha extrema determinação e força interior. Tratava-se sobretudo de não perder a coragem e a esperança. Agradeço sobretudo à meditação diária e à minha experiência de vida.

No Palácio de Potala os relógios trabalhavam de modo diferente

Quando criança, separado de sua família no gigantesco Palácio de Potala, o senhor não estava muito isolado do resto do mundo?

Naquela época, o cerimonial para a vida de um Dalai Lama era muito rígido. Minha vida era caracterizada pela rotina. Porém, eu não consigo me lembrar dos horários com exatidão porque, naquele tempo, os tibetanos não tinham uma vida tão guiada pelo relógio. As coisas começavam e terminavam a seu tempo, sem pressa. Eu era uma exceção porque já quando criança me interessava por relógios. Consertar as engrenagens de um relógio é, ainda hoje, uma das minhas atividades favoritas.

Já na minha infância eu não ligava muito para formalidades. Eu era especialmente próximo do cozinheiro-chefe. Aprendi cedo com os empregados, que me tratavam como a qualquer outro garoto, que a vida pode ser difícil para as pessoas simples. Eles me contaram que houve altos funcionários e Lamas injustos, que frequentemente tomavam decisões muito arbitrárias. Ainda jovem reconheci que é importante, para o líder de um povo, estar ligado às pessoas comuns. É fácil ser persuadido por conselheiros e funcionários a tomar decisões que são do seu próprio interesse. Com isso, os interesses verdadeiros do povo podem acabar ficando para trás.

O lótus branco floresce no lodo

O senhor disse que o Dalai Lama é a reencarnação de um bodisatva. O senhor poderia, por favor, explicar o que se entende por isso no budismo tibetano?

Para nós, o bodisatva é um "ser da iluminação" que renuncia à realização da própria iluminação, por compaixão em relação a todos os outros seres, até que tenha ajudado a salvá-los. Um bodisatva renasce por conta de seu próprio desejo. Ele decide voluntariamente permanecer no ciclo do renascimento, no Samsara, para ajudar os outros. Ele quer tomar para si mesmo o sofrimento dos outros. Chama-se isso de "a prática de dar e receber", em que o sofrimento do outro é recebido e a própria felicidade é passada adiante.

Um símbolo de que o bodisatva superou os desejos e as paixões da vida é a flor de lótus. Ela é uma flor muito bonita que cresce no lodo, mas sua cor branca permanece intocada pela sujeira. Daí surge uma força que nos torna resistentes ao caos do "vir a ser" e da morte. *Bodhi* significa entender a verdadeira natureza da realidade ou da sabedoria, e *satva* é alguém movido por uma compaixão abrangente. Segundo o ideal bodisatva, devemos lutar para praticar uma compaixão ilimitada com uma compaixão infinita.

A minha linha de conduta é a de um monge. Isso quer dizer que devo obedecer às 253 regras do monge. As quatro regras principais proíbem um monge de matar, roubar e mentir acerca de seu conhecimento espiritual. Um monge também deve manter rigorosamente o voto de castidade. Essas regras me livram das grandes distrações e preocupações do dia a dia.

Um sorriso é mais bonito do que todas as joias

Frequentemente vemos imagens de lamas tibetanos retratados com seus mantos de seda. Existe um motivo pelo qual Sua Santidade sempre se veste de modo tão simples?

Visto um hábito comum ao monge tibetano. Segundo a tradição, ele é composto de várias partes, uma roupa de retalhos que deve simbolizar a pobreza.

No entanto, a vestimenta não tem qualquer significado em termos de desenvolvimento espiritual. Na tradição tibetana os grandes lamas muitas vezes se vestem luxuosamente. Eles usam os chapéus correspondentes ao seu cargo, que variam quanto à forma e à cor. Cada vez que encontro um lama vestido assim, eu o advirto: "Nosso verdadeiro mestre é o Buda, e ele não possuía um chapéu. Somos apenas estudantes. O Buda deveria ter tido muito mais direito de se vestir luxuosamente porque ele era o verdadeiro mestre, e, apesar disso, ele preferiu permanecer um simples monge." Qualquer pessoa pode se vestir com extravagância e pendurar joias em si. Mas é uma ilusão acreditar que isso possa mudar algo na essência do ser humano. Compaixão e amor, um sorriso cordial, um olhar bondoso, essas coisas me parecem ser as mais valiosas das joias. Um rosto hostil não se torna mais bonito mesmo com o mais caro enfeite.

Às vezes, acho que, se eu sempre andasse com uma expressão austera e não sorrisse tanto, haveria menos amigos interessados na causa do Tibete. Então faço uma política do sorriso.

Um Tibete livre vai votar por conta própria

Sua Santidade, visto que o senhor não mais considera o sistema social tibetano adequado aos nossos tempos, a primeira coisa que o senhor fez quando esboçou a Constituição de 1963 foi restringir o poder do Dalai Lama. E, em 1988, o senhor disse, em um discurso em Estrasburgo, que não gostaria de ter papel ativo em um novo governo tibetano. De agora em diante, o Dalai Lama será apenas o líder espiritual do Tibete?

Sempre farei o que for melhor para o meu povo. Tomei a decisão de, num Tibete livre, abrir mão do papel de líder político. Aí então eu seria apenas o líder espiritual. Originalmente, os Dalai Lamas também cumpriam somente tarefas religiosas. Então irei transferir minha função política a um tibetano eleito pelo povo.

Ainda fora de Lhasa

Sob que condições o Dalai Lama retornaria para o Tibete?

A maioria dos tibetanos que vivem no Tibete – em especial os jovens – acha que eu não deveria voltar agora, porque eu posso defender muito melhor a causa do Tibete estando no exterior. A principal condição para o meu retorno é que os chineses aceitem minhas sugestões e que as pessoas no Tibete estejam verdadeiramente satisfeitas com a situação política.

Os peregrinos trazem as notícias

Existe alguém que representa Sua Santidade no Tibete?

No Tibete mesmo não tem ninguém. Ocorre apenas uma troca indireta; um intercâmbio indireto através dos tibetanos que vêm para a Índia em viagem de peregrinação e depois retornam. Ou então através de pessoas que têm a permissão de visitar seus parentes no Tibete. Muitas informações fluem para o Tibete por meio de contatos assim. É claro que a imprensa também nos ajuda. Existe um programa de rádio tibetano na Índia e também no *Voice of America*.

Um novo Dalai Lama surgirá quando o mundo precisar dele

Haverá uma 15ª encarnação do Dalai Lama? Sua Santidade uma vez disse que poderia ser o último Dalai Lama.

Essas declarações devem ser entendidas em sua relação com as ideias irracionais dos chineses que querem definir a questão do Tibete somente como um problema do Dalai Lama e dos tibetanos no exílio. Nós não temos a intenção de reintroduzir o velho sistema feudal. Além disso, seria algo impossível e inadequado para os nossos tempos. Essa forma de governo certamente não traria benefícios ao povo. Se hoje o povo tibetano acreditasse que poderia seguir em frente sem a instituição do Dalai Lama, então seria o fim deste cargo e eu seria o último a sua frente. Um novo Dalai Lama surgirá quando as circunstâncias exigirem. Mas se a história tomar um curso diferente, também temos que aceitar isso. Os sistemas políticos mudam. A única coisa que, no entanto, não muda é o coração humano, o desejo de felicidade, a luta pela liberdade. Essas são as verdadeiras razões para o desenvolvimento e o progresso contínuos, seja no plano material ou espiritual. Isso também vale para o povo tibetano.

Sobre o Budismo tibetano

As "Quatro Verdades Nobres" valem mesmo se os monges se vestem de maneira diferente

No budismo tibetano os Lamas têm um papel essencial. Por conta disso, seria correto considerá-lo um "lamaísmo", uma linhagem separada do budismo indiano?

Quem conhece o budismo tibetano sabe que não há razão para falar de uma linhagem diferente do budismo indiano. Mesmo que nossos monges e monjas sejam diferentes dos indianos, externamente, por conta das roupas, seguimos todos os preceitos importantes dos antigos textos indianos. A essência da prática budista é não prejudicar ninguém, ajudar os outros com o melhor de nossas capacidades. Nós, tibetanos, vivemos de acordo com o budismo Mahayana, o chamado "Veículo Maior". Para nós, o autossacrifício e o altruísmo são determinantes, e nossos pensamentos e ações se voltam sempre para o bem-estar do outro. Por sua vez, no mais antigo Hinayana, o "Veículo Menor", empenha-se sobretudo para não prejudicar o outro.

Uma maneira diferente de pensar, sem conflitos

Diferentes escolas e correntes se desenvolveram no budismo Mahayana. Ao contrário do que aconteceria no Ocidente, por que esses ensinamentos não levaram a divisões. Ainda é possível que monges de orientações filosóficas distintas vivam juntos num mesmo mosteiro?

O budismo chegou ao Tibete de forma gradual e através de diferentes mestres. Então várias tradições se desenvolveram. Embora haja grandes variações filosóficas entre essas escolas, nós estamos de acordo nos principais pontos. Como em qualquer outro lugar, as pessoas entre nós também expressam suas opiniões de maneiras distintas.

Até mesmo pessoas simples se deleitam com debates acalorados

O treinamento budista inclui o debate. O senhor diria que talvez seja mais fácil para diferentes escolas conviverem em paz quando os debates filosóficos acontecem de acordo com regras específicas, quase como um ritual?

É possível. As habilidades intelectuais de um monge são julgadas de acordo com o quão bom ele prova ser na arte de debater. Isso ocorre da seguinte forma: dois monges fazem perguntas um ao outro. Ao mesmo tempo eles têm de fazer movimentos físicos muito específicos. O desafiante bate palmas e pisa no chão, como se quisesse dar início à luta. O debate pode ficar bastante acalorado. Cada um tenta de maneira incansável contradizer os argumentos do oponente. É uma questão de ser esperto, criativo e perspicaz. Para nós, discussões filosóficas ou religiosas não são motivo para brigas pessoais. Quando os monges deixam a "arena" depois de uma batalha de palavras eles não estão zangados um com o outro. Antigamente as discussões também eram muito populares entre os tibetanos mais simples. Como ouvintes, eles podiam sentar-se por horas nos pátios internos dos mosteiros e deliciar-se com os debates acalorados, embora certamente não entendessem muito as sutilezas intelectuais.

Uma religião sem Deus

Para os cristãos, uma religião como o budismo, que não reconhece um Deus criador, é uma religião ateísta e uma contradição em si mesma. No budismo tibetano, no entanto, se entendo corretamente, evita-se tanto a crença em um deus quanto sua descrença?

Existem dois tipos de religiões. Algumas, como o budismo e o jinismo, são religiões sem um Deus: são as doutrinas não divinas. Há também as religiões monoteístas, como o judaísmo, o cristianismo e o islamismo, que acreditam em um criador do mundo. As religiões explicam de maneiras diversas o surgimento do mundo, as causas e as consequências da felicidade e do sofrimento.

    O budismo é ateísta porque não acreditamos em um Deus criador. Mas conhecemos seres superiores, que passaram por um processo de purificação. Todo ser vivo traz em si a possibilidade de alcançar essa realização espiritual ou um elevado estágio espiritual. Portanto, assumimos a existência de diversos níveis do ser. Aqui se diferenciam as grandes religiões mundiais.

    O budismo se sustenta sobre as "quatro nobres verdades". Nós, budistas, vivemos em um mundo sem Deus;

para pessoas de outras religiões, o Deus criador está no âmago da doutrina. Mas todos concordam que amor e compaixão melhoram os homens. Para nossa religião, o mais importante é Mahākarunā, a grande e purificadora dedicação a todos os seres vivos.

Os ensinamentos do Buda são lógicos

Se não há um Deus, então se reza para quem?

Nas religiões monoteístas os fiéis confiam na ajuda de Deus para superar as dificuldades de sua existência. O conceito de um deus todo-poderoso deixa em aberto a questão: como esse deus bondoso pôde também criar o sofrimento e a injustiça? Pode-se concluir que esse deus é cruel, porque ele deixa as pessoas virem a um mundo em que experimentam agonia e dor. Buda, no entanto, evitava fundamentar logicamente tudo o que ensinava. A criação, o começo de todas as coisas, não tem a ver com a lógica. As religiões que concebem um deus proíbem seus seguidores de questionar ou recusar a "palavra de Deus". Mesmo quando isso contradiz sua razão. Daí vem o perigo de que os fiéis se submetam aos mandamentos de Deus apenas por conta de uma obediência cega. Acreditamos que a fé cega não nos leva adiante no caminho da iluminação.

Para nós, não é Deus que está no centro, e sim a iluminação. O homem é responsável por sua vida, somente ele determina seu destino. Buda não criou o mundo tampouco é responsável por suas faltas. Porém, ele nos aponta os caminhos para que possamos acabar com o atual estado de sofrimento. Por essa e por outras razões Buda não acolhe o ensinamento da existência de deus.

O eu e outro eu

Há diferenças essenciais não somente na concepção de Deus, mas também na imagem do ser humano. Um "eu" independente, como conhecemos, não parece existir para o budista. Para ele, o eu consiste de sofrimento. Hoje em dia, a psicologia analítica enfatiza em especial a importância de um eu forte. Como o senhor explica esses modos de pensar tão fundamentalmente distintos?

Nosso corpo sabe o que deseja: se está sedento, então bebemos. Buda chamava todos os desejos de sede. Para ele, a sede é a força que move o ciclo da existência. Sem essa sede também não poderíamos alcançar a salvação, o estado de Buda ou budidade. Mas já ao nível da consciência devemos reconhecer as diferenças, porque o corpo também pode desejar coisas prejudiciais. Ele pode se viciar, destruir-se através de várias maneiras.

Todas as coisas têm dois lados. O mesmo vale para o eu humano. Há o eu egoísta que se envaidece constantemente e se torna um desordeiro desastroso. Quando alguém se impõe sem consideração através do vício do eu, ele não faz mal apenas aos outros, mas também a si mesmo. Esse eu provoca sofrimento. E há também o eu da vontade, que permite à pessoa dizer "eu posso, eu devo, eu quero".

Quando essa força de vontade está em falta, uma pessoa não pode lidar com aspectos negativos, como a ira, a inveja ou o ódio, e, em vez disso, é dominada por eles. Nossas sensações e sentimentos reagem de modo espontâneo. Queremos possuir algo ou o rejeitamos. Somente uma força de vontade bem desenvolvida pode administrar sentimentos variados.

Existem plantas que curam e ervas venenosas

Precisamos fazer escolhas constantemente, mas nossos sentimentos estão em conflito.

Sim, por exemplo autoconfiança e orgulho, ambos têm a ver com nossa própria autoestima. O orgulho nos torna pessoas dominadoras, presunçosas e sem consideração. Mas sem autoconfiança a gente não realiza praticamente nada. A humildade pode ser uma timidez patológica, um sentimento de impotência, ou pode ser o préstimo magnânimo aos outros, a coragem de servir. A ira muitas vezes pode nos deixar violentos, mas também pode nos inflamar e posicionar pela justiça.

Eu me irritava facilmente quando era jovem. Talvez seja algo de família, porque meu pai tinha um temperamento semelhante. Hoje em dia consigo controlar meus acessos de raiva por conta dos exercícios espirituais e mentais. Não devemos desistir de treinar nossa mente porque esse é o único caminho para que a razão possa distinguir entre o que é benéfico ou prejudicial para ela. A fim de fortalecer essa atitude dentro de mim, visualizo a seguinte imagem repetidas vezes: estou de pé diante de uma grande multidão. E me pergunto: os interesses de quem são mais importantes? Os meus ou os daquelas inúmeras pessoas?

Os sentimentos são como as plantas ou frutas. Algumas são muito benéficas, mas outras são venenosas e devem ser evitadas. Recentemente visitei o Museu do Holocausto em Washington. Para mim, foi um símbolo do que as pessoas são capazes, no bom e no mau sentido. Ali havia fotos horríveis que mostravam o tormento do povo judeu, e havia fotos das pessoas que sacrificaram suas vidas para salvar a dos outros.

Até mesmo o amor e o ódio se parecem, ainda que eles tenham efeitos tão diferentes. O desejo amoroso muitas vezes se transforma em seu oposto e se converte em um ódio que consome. O ódio é sempre prejudicial e leva as pessoas a cometer as piores atrocidades. Temos o livre arbítrio para decidir se queremos odiar ou amar.

Mahakaruna

É possível comparar Mahakaruna, a bondade amorosa em relação a todos os seres vivos e principal elemento do budismo Mahayana tibetano, com o amor ao próximo do cristianismo, de que fala a Bíblia em Coríntios 1: "O amor não insiste nos seus próprios direitos... não se exaspera nem se ressente... O amor se regozija com a verdade?"

Isso é difícil de afirmar. Talvez eles sejam diferentes por que Mahakaruna é compaixão, e não piedade. Eu não sei se essa distinção também existe no cristianismo. Se nós temos pena de alguém, pode facilmente acontecer de menosprezarmos sua vida e destino. Não queremos isso de maneira alguma. A bondade amorosa, na visão budista, significa que levamos o outro realmente a sério. O amor também deve ser imparcial e não pode impedir a compaixão que sentimos em relação a nossos amigos e nossa própria família. Ele também deve contemplar nossos inimigos.

O amor que não exclui ninguém

Em alemão, minha língua materna, a palavra "amor" abriga um espectro amplo de sentimentos. De qualquer modo, pen-

samos num sentimento profundo e forte de afeição. A forma de amor de que o senhor fala baseia-se também, portanto, numa compreensão mais ampla. Ela também inclui pessoas que não achamos agradáveis.

Como já foi dito, o amor verdadeiro não depende de uma relação especial, ele não precisa de ligação pessoal. Por isso devemos aprender a não confundir a afeição ou o apaixonar-se com o verdadeiro amor. Com muita frequência a amabilidade em relação aos nossos semelhantes desaparece quando a afeição pessoal desaparece. Nesse caso, somos gentis com uma pessoa enquanto gostamos dela.

Mahakaruna, a bondade amorosa em relação a todos os seres vivos, é a atitude fundamental do budismo Mahayana. Para nós, é o que há de mais precioso. Dizemos que ela vai existir enquanto houver seres sofrendo. Podemos deixar nossa compaixão tornar-se cada vez maior porque não há limites para a bondade amorosa. A crença na reencarnação é importante para esse modo de pensar porque na roda do renascimento, no ciclo eterno, todos os seres se tornam mães e pais uns dos outros.

O retorno do iluminado

O ensinamento da reencarnação de todos os seres não está em harmonia com a tradição cristã, pois nela a "vida em Cristo" já é vista como o objetivo final. Ainda assim, de acordo com algumas pesquisas, um em cada quatro europeus acredita no renascimento.

O modo como renascemos na próxima vida depende do nosso comportamento espiritual na vida presente. Acreditamos em quatro formas de renascimento. Em geral não está em nosso poder escolher em que circunstâncias renascemos. Nosso estado durante a morte exerce uma influência nas predisposições cármicas futuras. Ao nível mais inferior, uma reencarnação é completamente determinada pelas ações de alguém em sua vida prévia. No nível posterior, é possível ter alguma influência sobre a escolha do lugar ou arredores da nova vida. Num terceiro nível, há pessoas que são especialmente qualificadas para agir como professores ou mestres religiosos. No último nível está o Buda completamente iluminado, que reencarna somente a fim de ajudar os outros.

De acordo com a tradição tibetana, acreditamos que não devemos exaurir os frutos de vidas anteriores em nossa existência enquanto seres humanos, como seres espirituais. Isso quer dizer que, se acumulamos um bom carma em uma vida anterior, através de boas ações e um estilo de vida apropriado, então não devemos gastá-lo levando uma vida de luxos. Tampouco devemos nos acomodar e repousar sobre os louros de nossas boas ações, mas olhar para frente e lutar por mais perfeição. Para nós, a vida humana em si é algo de muito valor e uma grande oportunidade no caminho para a perfeição.

Agora é preciso fazer o bem

O objetivo do aperfeiçoamento é o nirvana, o "fim" de todo o sofrimento...

Nossa existência, do nascimento à morte, é plena de sofrimento. O objetivo de nossa luta religiosa deve ser acabar com o sofrimento. Qualquer pessoa que tiver superado o sofrimento neste mundo (*dukha*) entrou no estado de redenção. O sofrimento não são as coisas desagradáveis, mas a vida em si mesma, que é submetida ao eterno vir a ser, à criação e à dissolução. O nirvana é a última meta e a mais difícil de alcançar, a realização de um estado de completa paz. Isso não deve nos induzir a esquecer o próximo, e sim fazer com que nossa compaixão pelas outras pessoas cresça cada vez mais, a fim de que as ajudemos.

Não se trata de sonhos materiais

O budismo se trata, portanto, de dar uma pausa na "Roda do Renascimento". Uma abordagem ocidentalizada dos ensinamentos da reencarnação tem a esperança de que, por meio de melhores renascimentos, cheguemos cada vez mais perto da autorrealização. As pessoas esperam que cada vida nova traga uma forma melhor de existência.

O que as pessoas entendem por uma "vida boa"? Ela não pode ser igualada a uma vida agradável, em que todos os nossos desejos e sonhos materiais são realizados. Em vez disso, trata-se de uma vida levada com responsabilidade ética. Uma vida em que não pensamos apenas no nosso próprio bem-estar, mas também servimos aos outros. Um bom carma é criado somente a partir de boas ações. Como resultado de fazer o bem, nós nos tornamos pessoas melhores e encontramos um lugar verdadeiramente superior nesta e na próxima vida. Alcançamos um nível mais alto no caminho para o nirvana. Toda alma é a continuação de uma alma anterior. Fundamentamos a crença do renascimento principalmente na continuidade do espírito e na lei universal de causa e efeito. As teorias budistas de consciência contínua, de renascimento e carma baseiam-se nesse conceito.

Boas ações, más ações

O carma também pode ser entendido como a combinação da ação com o efeito. Em outras palavras: o ser humano é resultado do que fez. Num certo sentido, ele determina, por meio de suas ações, até mesmo o útero pelo qual irá renascer. Isso significa que podemos ler as ações prévias das pessoas em seu destino?

No momento da morte, a consciência é influenciada por todas as intenções e motivações, por todas as ações e experiências da pessoa que está morrendo. A compensação pelas ações do passado determina a direção, o curso da próxima vida. Aquilo que fizemos aos outros volta para nós na nova vida. É assim que a consciência continua a existir e renasce junto com o carma acumulado num novo corpo.

Isso pode ocorrer na forma de um animal, de uma pessoa ou de um ser divino. Tomemos como exemplo o broto de uma árvore. O efeito, a saber, a planta, é resultado de uma causa anterior, a semente. O carma bom é resultado de qualidades nobres como a modéstia, o contentamento, a humildade, a paciência, e o perdão.

O carma ruim pode ser atenuado por meio do arrependimento. É necessário arrepender-se da má ação com a firme intenção de não repeti-la. Podemos nos livrar do incessante ciclo do renascimento, do sofrimento, da morte e renascer somente quando todo nosso carma negativo tiver sido eliminado. Em outras palavras, somente quando tivermos nos libertado de todos os desejos mundanos podemos alcançar a budidade.

Mas o carma é muito complexo. Nem tudo o que acontece tem a ver com forças cármicas. O corpo humano, por exemplo, resultou de milhares de anos de desenvolvimento. Isso torna difícil determinar onde a influência do carma atua e onde as leis naturais entram em jogo.

Mesmo quem nada faz age mal

Não há um perigo de que a ideia do carma possa levar-nos a uma atitude fatalista de resignação em relação a nosso destino?

Alguns tibetanos dizem constantemente: "Sim, aquilo se deve ao carma. Sim, isto se deve ao carma...", e assim tentam evitar assumir responsabilidades. Isso sem dúvida está errado. O conceito de carma demonstra que nós somos responsáveis por nosso próprio destino e devemos nos encarregar de nossas próprias vidas. Acreditamos que a intenção é o que conta em primeiro lugar. Contanto que queiramos fazer o bem, mesmo se o resultado for ruim, não haverá efeitos desfavoráveis. Por outro lado, quando não fazemos nada, nem mesmo quando alguém depende de nossa ajuda, isso pode levar a complicações.

Há um carma coletivo e um individual. O carma coletivo está ligado à sociedade, à comunidade ou à família. Entretanto, os indivíduos – e isso parece ser um fato decisivo para mim – são afetados somente pelas ações que eles mesmos fizeram. Tudo aquilo por que os indivíduos passam depende de suas boas ou más motivações. Elas são a raiz de nossas ações e experiências. O carma também tem aspectos metafísicos e éticos. O mau carma deve ser anulado por meio de boas ações, de uma boa vida.

Um olhar sobre o Tibete

A atual situação política do Tibete, que tem causado um sofrimento desmedido aos tibetanos, tem alguma relação com o carma coletivo de seu povo?

A tragédia em curso no Tibete é a consequência do carma negativo da atual geração. As condições para que ela acontecesse surgiram na geração anterior. E então, no começo do século passado, o Tibete isolou-se muito do mundo e não cuidou para ser reconhecido como um Estado independente pela comunidade das nações. As pessoas não estavam interessadas nos desdobramentos que estavam ocorrendo nos Estados vizinhos, especialmente na China.

Os deveres das religiões

Na trilha do bem

As religiões do mundo vieram de diferentes culturas. Muitas vezes elas se desenvolveram sem sequer tomar conhecimento da existência de outras religiões. Isso vale especialmente para as religiões monoteístas, que se dissociaram de outros sistemas de crença com sua pretensão de verdade absoluta. E elas até mesmo lutaram contra aqueles que tinham outras crenças. Apesar disso, existe algo mútuo que conecta todos os credos?

Sim, o amor. O amor pode ser a força que une e supera todas as outras diferenças. As principais religiões do mundo – budismo, judaísmo, cristianismo, islã, confucionismo, hinduísmo, janaísmo, sikhismo, taoísmo, zoroastrianismo – têm conceitos semelhantes acerca do ideal do amor. O significado final de suas práticas religiosas e espirituais é o efetivo amor ao próximo. Os grandes mestres religiosos da humanidade querem afastar seus seguidores das más ações e trazê-los para o caminho do bem por meio de seus ensinamentos.

Todos os credos buscam respostas para as questões fundamentais da existência e dão a seus fiéis regras d[e] conduta ética. Todas as religiões ensinam, em seus man[da]mentos, que não devemos mentir, roubar ou matar. Esses mandamentos nos mostram o caminho.

Não vejo grandes diferenças aí. De acordo com minhas convicções, as religiões deveriam ensinar seus seguidores a ver todas as pessoas como seus irmãos ou irmãs. Somente assim eles podem aprender a tratar uns aos outros com tolerância e compreensão mútua.

O melhor remédio

Nem todos os líderes religiosos compartilham da sua visão. Em especial as várias opiniões acerca do que é bom para o bem-estar das pessoas encheram as bibliotecas ao redor do mundo.

Se gastarmos muito tempo com as diferenças dogmáticas que aparecem por conta de condições históricas e culturais, ficaremos envolvidos em discussões acadêmicas que não têm fim. Pessoalmente, considero muito mais importante me dedicar às minhas tarefas diárias e concentrar todas as minhas forças para que o bem cresça no mundo.

Talvez possamos comparar as várias religiões com os diferentes métodos de cura usados pelos médicos. Os bons médicos sabem exatamente qual é o melhor remédio para seus pacientes. Também já comparei as religiões aos diferentes alimentos que correspondem às várias necessidades e preferências das pessoas. Apesar de todas as diferenças filosóficas, a tarefa mais importante de todas as correntes religiosas é contribuir para uma humanidade mais feliz e um mundo pacífico.

A religião como um meio para o poder

Por que motivo existe um hiato entre as exigências da religião e a realidade? E por que tantas guerras religiosas sanguinárias têm acontecido? Não é uma contradição que muitas guerras surjam justamente de conflitos religiosos, ainda que o principal objetivo das religiões seja instituir a paz? Alguns exemplos são a Irlanda do Norte e os conflitos desumanos na antiga Iugoslávia, que vieram à tona por conta de diferenças religiosas.

Infelizmente a religião muitas vezes é usada como mero instrumento de poder por meio do qual uma pessoa quer impor aos outros a sua vontade. Portanto, não estão em ação motivações religiosas, mas sim razões bem egoístas. Lamentavelmente, as religiões contribuíram, e continuam a contribuir, para um aumento das separações e das hostilidades entre as pessoas. Em vez de ajudar, a religião cria mais problemas. Não acho que seja tão importante disseminar nossa própria religião, sobretudo hoje em dia. O diálogo entre as religiões é mais importante.

Uma crença pessoal

Na Alemanha, cresce o número de pessoas que se afastam da igreja e querem seguir seu próprio caminho religioso. Cada um deveria ter sua própria crença?

Para mim, a religião está ligada a uma determinada tradição. Muitas pessoas pensam que, contanto que acreditem em algo como uma força ou um poder e, por exemplo, digam que apenas o acaso determina nossa vida diária, são religiosas. Isso é exagerado para mim. Não acho que isso possa ser chamado de religião. Quando tive uma conversa com o então general Mao sobre esse assunto, ele falou que era contra qualquer religião, mas admitiu que tinha superstições. Religião e superstição não têm qualquer relação. Quando digo religião, penso numa específica com sua história e ensinamentos tradicionais.

Esperança, apesar de toda a aflição

Sua Santidade, há uma diferença entre pessoas cujas vidas são afetadas pela oração e pela meditação e aqueles que carecem de uma dimensão religiosa?

Acredito que, quando seguimos com seriedade os ensinamentos de nossa religião, dia após dia, nossa atitude geral em relação à vida começa a mudar gradualmente. Sobretudo em momentos de necessidade e crise, a religião pode dar fé e confiança às pessoas, não importa quão difíceis sejam as circunstâncias. A religião mostra que, a despeito de todas as experiências tristes, ainda há um significado supremo indestrutível. De modo misterioso, a religião dá à humanidade o dom de uma esperança mais forte do que todos os obstáculos, do que todas as aflições.

Pouquíssimas pessoas levam a religião realmente a sério

Por outro lado, há muitas pessoas que, mesmo pertencendo a uma comunidade religiosa, deixam-se guiar por outros valores no cotidiano de suas vidas...

Dentre os cinco bilhões de pessoas no mundo, provavelmente menos do que um bilhão delas estão verdadeiramente enraizadas em uma religião e fazendo exercícios religiosos diariamente. São pessoas que, graças às suas crenças, não perdem sua tranquilidade mesmo sob os maiores desafios. Para os outros, isso significa que a religião tem apenas um papel secundário em decisões importantes ou durante uma crise. Sua crença não está ancorada profundamente. Eles podem se chamar de cristãos, budistas, hindus, ou muçulmanos, mas frequentemente são palavras vazias. Quando realmente importa, a religião não conta mais. Por isso penso que não são muitas as pessoas que de fato tomam decisões vitais baseadas em sua religião. Isso também demonstra a grande necessidade de determinar como alcançar tantas pessoas em cujas vidas a religião já não tem um papel tão importante.

Assis, 1986

Sua Santidade, o Encontro de Oração pela Paz Mundial realizado em 1986, em Assis, para o qual o papa João Paulo II convidou representantes das religiões do mundo, foi para o senhor um sinal de como as religiões podem trabalhar juntas?

Sim. Novas relações entre as religiões foram criadas especialmente com o Encontro de Oração em Assis.

Nós nos reunimos e rezamos, cada um de acordo com sua própria crença e seu entendimento da religião. E também pudemos aprender uns com os outros e obter uma nova compreensão das outras religiões. Quando o Tibete ainda estava isolado, pensávamos que nossa religião era a melhor. Mas agora me parece que o encontro com outras religiões é mutuamente enriquecedor. Como mencionei, trata-se de algo especialmente verdadeiro por causa da missão que compartilhamos, de lutar pelo bem-estar de toda a humanidade.

Orações pelo mundo

Alguns críticos receiam que encontros como o de Assis possam levar a uma mistura e à relativização de tradições que resultaria em sincretismo...

Houve críticas não somente em Assis, mas também em outros encontros de oração. Perguntou-se como era possível para os budistas rezar quando eles sequer acreditavam em um deus criador. Mas, especialmente durante a oração mútua, essas diferenças não são importantes. A única coisa que conta é o fato de que estamos rezando juntos e professando juntos nosso compromisso com a paz mundial. É possível orar em harmonia, mesmo se uma pessoa adora um Ser Superior, a outra, um Criador, e nós veneramos o Buda.

As igrejas apoiam o Dalai Lama?

As igrejas cristãs apoiam o Dalai Lama em seus esforços em nome do Tibete?

No meu encontro com o arcebispo de Canterbury, ele me disse que rezaria pelo povo tibetano. No dia seguinte, ele convocou as pessoas a rezar pelo Tibete. Também me encontrei com o papa João Paulo II algumas vezes. Eu o tinha em alta consideração. Em tais ocasiões, falamos sobre a importância de assuntos religiosos no mundo moderno e como obter um maior entendimento entre as religiões. O diálogo entre o budismo e o cristianismo certamente se aprofundou. Porque o papa vinha da Polônia, podíamos compartilhar de nossas experiências com os regimes comunistas. Havia uma compreensão espontânea entre nós. Parece-me que João Paulo II era um papa espiritual. Um sinal disso é que ele chamou de "irmão" o homem que quis matá-lo.

Uma única religião mundial?

Haverá uma única religião mundial neste milênio?

A união entre as religiões do mundo não significa que todas as religiões devam se fundir numa única. Apesar de tudo que elas têm em comum, não acredito muito numa "religião mundial". Desse modo, a variedade de culturas e modos de viver também teria de desaparecer. Nós devemos continuar apegados às nossas tradições. Algumas pessoas se sentem atraídas pelo cristianismo por causa do conceito de um deus criador. Outros, por sua vez, acham o budismo atraente porque ele se concentra somente nas ações dos indivíduos. Certamente é possível encontrar boas razões para apoiar diferentes abordagens. Não podemos simplesmente deixar as diferenças desaparecerem. Tampouco podemos substituí-las por uma única crença universal.

Em Assis, foi importante para mim que tenhamos decidido assumir a responsabilidade pela paz mundial, tanto juntos quanto individualmente, cada um à sua própria maneira. As tradições religiosas podem existir lado a lado. Elas não deveriam nem lutar umas contra as outras nem ter de se misturar.

Bodisatvas podem ser encontrados em muitos lugares

Vamos voltar novamente às características comuns das religiões do mundo: existe realmente uma correlação entre os fundadores do budismo e do cristianismo, Gautama e Jesus?

Não sei dizer se existe uma correlação entre Gautama e Jesus, como algumas pessoas reivindicam. Jesus viveu no

Oriente Médio, onde o budismo, com seus ensinamentos do darma, assim como o hinduísmo, já existia há vários séculos. Poderia ter havido também um intercâmbio entre as várias culturas e religiões por meio dos mercadores. Talvez as duas religiões tenham se influenciado dessa forma.

Para nós, budistas, em um nível místico, os grandes mestres religiosos que levaram as mais importantes bênçãos a um número incontável de pessoas através dos séculos são os bodisatvas, ou seres iluminados. Jesus é um deles. Dizer isso pode, é claro, ser visto como uma tentativa do budismo de monopolizar todos os grandes mestres...

O Buda sorri, Jesus sofre

É impressionante o modo distinto como Gautama e Jesus são descritos. O Buda aparece sentado, sorrindo, sobre uma flor de lótus, e Jesus, como o ícone máximo do sofrimento, pregado numa cruz...

Se eu quisesse dar uma resposta pouco séria, poderia dizer que a diferença é: o Buda foi um príncipe que não foi perseguido por ninguém, ao passo que Jesus tinha altos sacerdotes e os romanos contra ele. Eles também viveram em condições sociais completamente diferentes. Embora o rosto do Buda tenha uma expressão de sorriso e paz, o sofrimento é ainda um dos elementos básicos de seus ensinamentos. Buda nasceu em uma família muito rica, mas ele abriu mão de todos os confortos por vontade própria.

Buda se sujeitou à maior das renúncias durante seis anos de sua vida. Ele se recolheu na solidão, meditou e jejuou. Somente assim ele conseguiu obter a iluminação perfeita. Por isso a meditação é a prática religiosa mais importante do budismo. As trajetórias de vida desses dois fundadores religiosos foram influenciadas pela simplicidade, pela devoção e pelo Caminho do Meio. Eles são ótimos exemplos de como podemos aceitar voluntariamente o sofrimento em benefício do bem-estar dos outros.

A humildade de Madre Teresa

O senhor disse que, para os budistas, as pessoas que servem aos outros com grande devoção, e a quem a humanidade deve muito, são chamadas de bodisatvas. Madre Teresa, que recebeu o Prêmio Nobel da Paz, é uma delas?

Madre Teresa é um exemplo do quanto alguém pode fazer com poder espiritual. Eu a conheci em 1988 no aeroporto em Nova Déli. Fiquei particularmente impressionado com sua humildade. Sob a perspectiva budista, Madre Teresa é certamente um bodisatva. Ela dedicou sua vida exclusivamente aos pobres, o que significa viver verdadeiramente a crença cristã. Eu não sei se seria capaz de fazer o que ela fez.

Um Geshe católico

Sua Santidade, o monge trapista Thomas Merton o familiarizou com o cristianismo...

Devo a ele minha profunda admiração pelo cristianismo. Conheci Thomas Merton em 1968, em Dharamsala, pouco antes de sua morte. Ainda hoje, ele incorpora para mim o cristianismo. Thomas Merton era um homem profundamente religioso e muito humilde. Nunca experimentei tamanha humildade num cristão. Para mim, Thomas Merton foi um Geshe católico, um monge especialmente bem preparado. Nas conversas que tive com ele, descobri que há muitas coisas parecidas entre o budismo e o catolicismo. Posteriormente, estive com outros cristãos que irradiavam virtudes semelhantes. Mas aquele monge trapista foi o primeiro a me mostrar o que significa ser cristão.

É impressionante como os cristãos de todas as ordens, em todo o mundo, oferecem ajuda em muitas organizações assistenciais. É aí que nós budistas podemos aprender com os cristãos. Em termos de meditação, achei impressionante como a postura corporal não é importante para o cristianismo. Na meditação budista, a postura sentada e a respiração são elementos-chave. Os cristão certamente poderiam aprender muito com nossas técnicas de meditação.

"A" HUMANIDADE

O mais importante: um bom coração

Quando o senhor viaja, encontra-se com pessoas de todas as regiões. No seu ponto de vista, fora as diferenças culturais, históricas e geográficas, existe algo que todas as pessoas têm em comum? Existe uma família humana?

Sim. Frequentemente encontro pessoas de várias culturas, religiões e ideologias. Vistas de fora, há grandes diferenças. Algumas diferenças podem com certeza ser atribuídas a condições climáticas bem distintas. Quando as pessoas vivem em regiões mais frias, elas são forçadas a trabalhar mais para levar a vida. No sul, as pessoas são influenciadas pela natureza luxuriante e pelo calor. Eu poderia listar muitas diferenças, mas somos todos filhos da raça humana. Todos possuímos o mesmo desejo de felicidade e amor em nós. Todos queremos diminuir o sofrimento. Todos sabemos o quão importante é ter um bom coração.

Um coração cheio de bondade, compaixão e amor, de onde flui a esperança e a paz interior. Portanto, acredito que um bom coração seja, no final das contas, a raiz e a fonte para o progresso genuíno. Especialmente hoje, a responsabilidade universal, que se baseia no amor e na bondade, tornou-se uma questão de sobrevivência para a humanidade.

Ética sem religião?

Isso quer dizer que existe uma ética global?

Religião e ética não são a mesma coisa. Como já mencionei, alguns princípios éticos podem ser encontrados em todas as religiões. A ética também pode existir na religião, ou seja, há crenças éticas que não são derivadas de uma religião específica. Mesmo as pessoas com visões de mundo diferentes, não religiosas, podem ser capazes de aceitá-las. Algumas pessoas acreditam que a ética e a moral são inseparáveis da religião. Mas, se elas não têm uma crença religiosa, vivem num vácuo. Elas não sabem como se orientar. É uma questão de achar diretrizes que façam sentido para todas as pessoas. Somente assim podemos falar de uma ética global.

Nos nossos tempos, os pensamentos acerca da moral e da ética certamente não são jogos intelectuais. Hoje, são uma questão de sobrevivência. Todos nós temos a responsabilidade de proteger o planeta da destruição. Portanto, temos de nos unir na busca por soluções mútuas. Antigamente, talvez fosse aceitável insistir em diferenças nacionais. Mas isso não vale mais, basta pensar na economia moderna. Até mesmo os direitos humanos universais são baseados no conceito de uma única humanidade. Podemos dizer que é uma nova ideologia de humanidade o que nos interessa.

Nossa querida mãe

Sua Santidade, o senhor disse uma vez que o amor entre a mãe e seu filho é a base de toda a ética global. O que quis dizer com isso?

De acordo com nossos ensinamentos, todos viemos a este mundo incontáveis vezes. Por isso, acreditamos que todo ser vivo foi, em algum momento, um de nossos pais. A tradição budista nos ensina a ver todo ser humano como nossa "querida mãe", a quem devemos mostrar nossa gratidão. Tanto no começo quanto no fim de nossas vidas, dependemos da bondade e do cuidado de outras pessoas. Por que, então, não deveríamos cuidar das pessoas na fase de nossas vidas em que podemos? Isso vale também para as pessoas que não são religiosas. Para todos, a vida começa com a relação entre a mãe e a criança. Já no primeiro dia, a criança dirige toda sua confiança para a mãe. Isso evolui para uma confiança básica na vida.

A guerra começa dentro de nós

A imagem da intimidade entre uma mãe e seu filho mostra que o budismo preocupa-se primordialmente com a transformação dos indivíduos. No Ocidente, parece que as pessoas normalmente esperam mais das mudanças sociais no que diz respeito a lidar com problemas...

Com certeza, as condições sociais também são importantes. Mas muitos dos conflitos e problemas de que o mundo sofre estão diretamente ligados à natureza humana. Por exemplo, a agressão humana. A atitude hostil dos seres humanos também é responsável pelas novas guerras que irrompem constantemente no mundo. Ela pode ser encontrada em quase toda cultura e é profundamente enraizada nos seres humanos. Medidas externas não são adequadas para lidar com essa atitude hostil. Por conta disso, o budismo luta primordialmente pela transformação, pela transmutação do indivíduo. Mas essa transformação não significa que se crie "um novo ser humano".

Nossas boas qualidades devem aumentar cada vez mais. Como resultado, as más devem diminuir.

Tudo depende de tudo

No século XX, as invenções tecnológicas, em especial, fizeram com que a interdependência, a dependência mútua, crescesse em quase todas as áreas...

Por conta da rede mundial, estamos muito mais dependentes uns dos outros agora. Antigamente, as pessoas viviam em sociedades mais fechadas. Acima de tudo, elas tinham de lidar com problemas locais ou regionais. Agora é mais importante do que nunca desenvolver um senso universal de responsabilidade. Hoje, a ONU nos mostra que somos uma comunidade de povos – mesmo ela tendo sido criada na sombra da Segunda Guerra, e mesmo que se considerem antidemocráticos os direitos de veto dos cinco Estados do Conselho de Segurança. Os conflitos na ex-Iugoslávia mostraram que o mundo dever começar a reagir às crises com mais cuidado. E isso vale mesmo se só podemos ajudar aos que sofrem em espírito.

 Somos todos dependentes uns dos outros. Chamo isso de "egoísmo sábio". Com uma atitude positiva e responsável em relação a nós mesmos, também beneficiamos os outros. Quando pensamos dessa maneira, então não há conflito nenhum entre nossos próprios interesses e o interesse comum. Esse é o único modo com que temos uma chance de lidar com os grandes perigos que ameaçam toda a humanidade. Somente através de esforços mútuos teremos êxito ao lidar com os perigos que se aproximam, tais como uma aniquilação nuclear ou a destruição do meio ambiente.

A crise como oportunidade

Se algo acontece mesmo em um lugar remoto do globo, todo o mundo fica sabendo imediatamente. A informação rápida acerca das tragédias da guerra, das catástrofes naturais e de acidentes aéreos também aumentaram os temores de um mundo ameaçador. Tendo em vista tantas imagens de horror, ainda é possível vislumbrar ao menos um pouco de esperança?

É fato que as ameaças globais são perigosas. Mas se as pessoas tomassem uma atitude, então tais eventos poderiam se tornar processos de cura ou oportunidades. Eles nos forçam a ir à raiz de nossos erros. Somente quando sabemos a causa e tomamos uma atitude resoluta conseguimos evitar o desastre que nos ameaça. Constantemente nos encontramos na tensão entre pensar a curto prazo e pensar a longo prazo. Muitas vezes, há soluções rápidas que trazem vantagens rápidas. Mas é melhor procurar soluções duradouras. Algumas das vantagens a curto prazo podem se mostrar nocivas quando vistas como parte de um quadro maior. Por isso não vejo o sucesso imediato como um fator decisivo. A fim de mudar algo a longo prazo temos de aprender, se necessário, a apenas seguir adiante a curto prazo. Quando tivermos começado a agir concretamente contra o perigo poderemos, então, olhar para o futuro com maior confiança.

Todos são convocados para a busca por novos conceitos

Precisamos de conceitos completamente novos para resolver os problemas de hoje em dia?

Temos de ter consciência de que os conceitos surgidos no século XIX não são mais adequados aos dias de hoje. Os cientistas, em especial, são convocados a procurar por novos conceitos. Às vezes, entretanto, tenho a impressão de que os especialistas ocidentais estão interessados somente em sua própria área de especialização. Como resultado, eles podem esquecer que seu trabalho deve servir ao bem-estar da humanidade. Mas também conheci cientistas que fazem seu trabalho com afeto e amor.

A busca por novos conceitos sem dúvida deveria se tornar uma das principais preocupações das escolas e universidades. O futuro, tanto em países ricos quanto pobres, depende muito da boa educação para as novas gerações. É importante ter uma educação que dê aos jovens a compreensão mais profunda possível das relações sociais e culturais.

Muitas das dificuldades, como o empobrecimento crescente em algumas áreas do planeta, a perda de valores éticos e o aumento da violência, desenvolveram-se por causa das pessoas e devem ser resolvidas pelas pessoas. Esses problemas afetam não somente as nações individualmente, ou determinada parte do planeta, mas o mundo inteiro. Toda a comunidade dos povos é convocada a procurar conjuntamente por soluções. No passado, muito do sofrimento que surgiu se deveu a ideologias e conceitos que não faziam justiça à realidade. Como a experiência nos ensinou, devemos encontrar um plano abrangente, baseado no amor e na bondade.

Uma questão de sobrevivência, não um luxo religioso

Num certo sentido, os mandamentos éticos da religião, tais como os do Sermão da Montanha, não seriam apenas palavras de devoção, mas, hoje mais do que nunca, sugestões de como as pessoas podem sobreviver?

Sim. Do mesmo jeito que encontramos em muitos textos budistas, não se trata apenas de palavras bonitas, ensinamentos religiosos ou morais. O modo como nos devotamos a todas as coisas com uma atitude de amor não é um "luxo religioso", tampouco um ditame religioso em que podemos acreditar ou não. As pessoas muitas vezes pensam que o afeto e o perdão são puramente religiosos, ainda que tais sentimentos estejam relacionados a todas as áreas da vida. A sobrevivência deste planeta depende de que o máximo de pessoas desenvolva uma atitude de amor pelo meio ambiente. Esse espírito deve ser desenvolvido de forma voluntária. Não podemos forçá-lo a ninguém. Mas se a humanidade não conseguir desenvolver essa perspectiva abrangente de amor, então não sei que tipo de futuro podemos esperar.

Diálogo com o mundo moderno

Uma ponte entre o conhecimento e a crença

Algumas pessoas dizem que o budismo depende completamente da mente racional e da argumentação intelectual. Como a fé se relaciona com o conhecimento?

Hoje, os materialistas e os fiéis normalmente se opõem. O budismo costuma ser atacado por ambos os lados. Para os primeiros, a meditação parece ser uma desculpa para não fazer nada, para ser preguiçoso. Os segundos queixam-se de que o budismo é apenas uma ciência, não uma religião. Nós, budistas, estamos entre o conhecimento e a crença, o que significa que construímos uma ponte entre dois extremos. Essa é outra maneira pela qual podemos fazer uma importante contribuição para o futuro. Como o grande mestre do Caminho do Meio, Nagarjuna (séculos II e III), enfatizou várias vezes, a trajetória espiritual requer harmonia entre fé e razão. Podemos dizer que o budismo é um sistema espiritual-filosófico.

Provavelmente damos mais importância ao conhecimento do que à fé. Muitos fenômenos são compreendidos pela mente racional por meio da evidência lógica. Existem, no entanto, níveis de percepção que não podemos alcançar ou verificar. É aí que colocamos nossa crença em Buda como uma testemunha da iluminação. Não acreditamos nele cegamente, mas acreditamos nele porque sabemos que outras partes de seus ensinamentos provaram ser verdadeiras. O próprio Buda nos convocou para não acreditar em algo somente porque são as palavras do Buda. Em vez disso, devemos ser como um ourives que testa o valor do ouro através dos diversos processos de refinamento.

O Caminho do Meio

E quanto à meditação?

Realmente acredito que a humanidade pode aprender algo com o nosso antigo e altamente desenvolvido método de meditar. Nossa meditação pode ser compatível com qualquer tipo de crença. Gostaria de dizer às pessoas em todo o mundo, repetidamente, que a paz começa num coração pacífico. Isso quer dizer simplesmente que devemos deixar o amor e a compaixão crescerem em nossos próprios corações, superando a inquietação interior que afeta a todos.

A tecnologia moderna tem propiciado uma vida agradável a muitas pessoas, mas também introduziu novos problemas. É só pensar na destruição do meio ambiente ou nas cidades que não param de crescer com seu barulho, ritmo frenético e falta de moradia. A paz espiritual é algo que frequentemente falta nelas. Os extremos estão surgindo sem cessar. O budismo Mahayana, em particular, preocupa-se em encontrar o caminho intermediário e trazer equilíbrio aos lados opostos. Quando não há paz interior, não podemos ficar contentes nem mesmo com a maior das farturas. Sobretudo na batalha diária da vida, é importante desenvolver a calma e a clareza internas. Com uma atitude assim, torna-se mais fácil resolver nossos problemas e evitar que sejamos superados por sentimentos como o ódio, o egoísmo, o ciúme ou a raiva. Em momentos assim, somos como cegos, guiados por ações impensadas.

A nova humanidade é a mesma de antigamente

As principais religiões do mundo se desenvolveram num passado distante, sob condições completamente diferentes. A humanidade precisa de um novo tipo de religião para este mundo tão moderno e diferente?

Imagino que seja difícil para muita gente entender o cerne das inquietações religiosas num mundo moderno e secularizado. Vista de fora, sem qualquer empatia interna, a religião pode parecer ultrapassada e desatualizada. Os estilos de vida também mudam com o passar do tempo, e adotamos hábitos diferentes. Como resultado, as religiões antigas parecem, em alguns aspectos, ultrapassadas. Então, não é surpresa que algumas pessoas pensem que a religião não tem nada para oferecer aos indivíduos hoje em dia.

Ainda assim, por outro lado, quando se trata de questões humanas básicas, não há grandes diferenças entre nós e os habitantes da Terra que viveram aqui milhares de anos atrás. Se olharmos sob essa perspectiva, as convenções e os costumes pouco mudaram. As mudanças políticas e culturais aconteceram somente na superfície. Na minha visão, a humanidade mudou apenas por fora. Consequentemente, as religiões antigas ainda têm um papel importante. Estou certo de que, se o homem do gelo, a múmia glacial de cinco mil anos dos Alpes, pudesse falar, ficaríamos sabendo que ele se identificaria com nossos atuais problemas.

Quando as circunstâncias requerem

Há no budismo tibetano uma dinâmica interna capaz de sempre se adaptar a novas situações?

Entre nós há regras e formas fixadas por escrito, que em nada podemos modificar. Isso se dá especialmente em relação às regras do *Sangha*, da comunidade de monges ou monjas. Acreditamos que Buda tenha estabelecido essas regras. É natural que haja exceções, quando as circunstâncias o exigem. Mas, no geral, pouco alteramos nossas tradições.

Ao mesmo tempo, porém, os escritos budistas indicam a importância de se comparar todos os pensamentos à realidade. Assim, aquilo que sob determinadas condições parece falso pode ser correto sob outras circunstâncias; aquilo que agora é expressamente proibido, em um contexto completamente diferente, pode até mesmo ser recomendado. Portanto, somos livres para modificar algumas regras. O importante é averiguar as situações com exatidão. Essa é, portanto, uma diferença entre nós e os chamados fundamentalistas, que querem preservar o antigo a qualquer custo e não querem se adaptar ao mundo moderno.

Fundamentalismo

Por que os movimentos fundamentalistas vêm crescendo em toda a parte hoje em dia?

Minha explicação para isso é que as religiões muitas vezes têm se tornado ideologias com as quais os indivíduos combatem seus oponentes e tentam fortalecer suas próprias identidades. Se quisermos controlar esse fenômeno, temos de lutar sobretudo para compartilhar experiências religiosas. As grandes diferenças muitas vezes existem somente nas nossas cabeças. O diálogo dentro de uma comunidade religiosa também é muito importante. É o único modo que temos para enfraquecer os preconceitos e nos aproximarmos uns dos outros.

O budismo é diferente do catolicismo porque as formas hierárquicas têm um papel secundário. Os budistas tibetanos ouvem meus conselhos e opiniões, mas nenhum deles me considera infalível.

Quem se torna uma ilha isola a si mesmo

É possível ter um diálogo com pessoas de opiniões rígidas e preconcebidas?

É sempre difícil ter alguma relação com fundamentalistas. É como se relacionar com pessoas completamente devotadas a uma ideologia. Por exemplo, não foi possível ter uma discussão adequada com os comunistas da antiga União Soviética. Mas, no fim das contas, os políticos de lá, que perceberam que sua sociedade estava ficando para trás, fizeram-se ouvir. De qualquer jeito, a maioria da população não apoiava o comunismo. O sistema totalitarista finalmente chegou ao fim, e isso aconteceu sem violência e sem conflitos abertos com o Ocidente. Algo semelhante acontece com as religiões. Os movimentos que se separam também se isolam. Então todos os que estão dispostos a se unir num diálogo terão mais poder.

Sem dúvida nunca haverá uma humanidade perfeita. O que podemos buscar é que cada vez mais pessoas estejam dispostas a dialogar, e que elas se comportem de uma maneira mais tolerante e pacífica. Isso irá impedir o avanço das forças destrutivas. Isso já seria um progresso.

Dois caminhos filosóficos

No Ocidente e no Oriente existem visões aparentemente distintas do que significa progresso. No Ocidente, o progresso é concebido como um desenvolvimento linear. No budismo, o mundo parece se mover ciclicamente: tudo se repete, e todos os seres vivos passam pelos mesmos estágios de vida num padrão circular.

Quando falamos do conceito ocidental de desenvolvimento linear também pensamos no despertar progressivo da consciência na sociedade. Os budistas preocupam-se com o processo de maturação do indivíduo, que continua se desenvolvendo através de repetidas novas vidas e, por isso, parece mover-se como num círculo. Aqui estamos lidando com duas perspectivas diferentes, estruturas filosóficas diferentes.

O dinheiro como medida de todas as coisas

A importância que o dinheiro assumiu nos pensamentos e ações dos indivíduos modernos cresce constantemente. Até mesmo nas áreas mais sagradas, o dinheiro ameaça se tornar a medida de todas as coisas. Para muitas pessoas, ele quase se tornou um substituto da religião.

Sempre que vou ao Ocidente, noto que quase não há um dia em que não temos de lidar com dinheiro de uma forma ou de outra. Tente passar um único dia numa cidade moderna sem dinheiro. Então irá experimentar na pele o quanto as pessoas são dependentes do dinheiro. Elas estão constantemente pensando: quanto vale o que estou fazendo agora? O Ocidente dá muita importância ao mundo material. Com essa atitude, a visão de mundo das pessoas e o valor que elas dão às coisas mudaram muito. Ao mesmo tempo, todo mundo sabe que sentimentos humanos como amor e devoção aos outros não podem ser medidos com o dinheiro.

Com muita frequência, a riqueza não nos propicia uma vida feliz e contente. Pelo contrário, muitas pessoas ricas tornaram-se escravas do dinheiro porque elas estão constantemente preocupadas em aumentar suas posses. Em consequência disso, elas vivem num constante estado de agitação. Não conhecem a serenidade e a tranquilidade em relação às coisas materiais. Quando vivemos num tal mundo de inquietação, é importante nos distanciarmos algumas vezes para redescobrir nossa paz interior.

As coisas muitas vezes são diferentes nos países pobres do sul. As pessoas podem comer as plantas que encontram na natureza, e isso não custa nada. São extremamente pobres, mas também não têm que pensar constantemente em dinheiro. Quando eu ainda vivia no Tibete, não podia lidar com dinheiro de jeito nenhum. Até mesmo hoje em dia, felizmente, não tenho que cuidar das minhas próprias finanças. Meu escritório monitora todas as receitas e despesas. Mas até mesmo nós, tibetanos, temos de ganhar dinheiro e não podemos viver de brisa. É algo de que tivemos de nos lembrar especialmente há pouco tempo porque o governo no exílio tem um déficit de dois milhões de dólares.

Entre a ascese e o prazer

Como o budismo lida com uma maneira de pensar centrada no dinheiro?

Aqui, da mesma forma, procuramos pelo caminho intermediário para evitar extremos como a ascese e o hedonismo. Também é importante para as pessoas que não são religiosas se afastar da ganância para encontrar moderação. Aqueles que não conhecem a moderação sempre vão querer ter cada vez mais. Mesmo se elas tivessem o mundo todo, ainda assim estariam insatisfeitas. Além do mais, os ricos são muitas vezes muito solitários. Eles nunca sabem se os outros os amam pelo que são ou por sua riqueza e influência. Quando se perde a fortuna, os amigos falsos em geral desaparecem como neve sob o calor do sol, justo quando se precisa de uma amizade genuína. No Ocidente, uma vez fui convidado para ir à casa de um homem muito abastado. Ele vivia numa casa elegante e bonita. No entanto, havia muitos frascos com sedativos e comprimidos para dormir no banheiro. Isso se tornou um símbolo para mim – de que o fato de alguém ter tudo não quer dizer que esteja sequer próximo de ser feliz.

Isso não vale apenas para os budistas. Os monges e freiras católicos também lutam para levar uma vida simples e com moderação. Eles também sabem que o dinheiro, a fortuna e a fama não garantem felicidade duradoura. Por isso essas coisas não podem se tornar o nosso objetivo final.

O rico Ocidente está desapontado

Sua Santidade, o Tibete por muito tempo ignorou as descobertas científicas e as conquistas tecnológicas do mundo moderno, mantendo, em vez disso, altos padrões de moral. No mundo ocidental, que é completamente orientado pela tecnologia e pelas ciências naturais, os valores espirituais estão se deteriorando cada vez mais. Há um caminho intermediário entre esses dois extremos?

Minha principal preocupação é encontrar uma harmonia, um equilíbrio entre o mundo externo e material e o mundo interno do espírito. Não se pode resolver os problemas da humanidade sem um caminho intermediário entre o crescimento econômico e a maturidade interior do homem. Não vejo nada de negativo no progresso tecnológico e material em si. Os países pobres do mundo precisam urgentemente de ajuda tecnológica para combater a pobreza. A tecnologia pode ter um efeito benéfico aí.

Muitos dos meus interlocutores na sociedade moderna queixam-se, com um tom amargo de decepção, dos excessos do materialismo. Isso me surpreende. Fora isso, as pessoas parecem se orgulhar do progresso. O que apenas demonstra que, apesar do progresso em nossos tempos, os seres humanos continuam sendo seres que buscam. Buscamos um significado mais profundo em nossa existência. Em sua luta constante pela existência, os indivíduos modernos não precisam perder a paz de espírito. Hoje mais do que nunca, depende das religiões prestar ajuda às pessoas que estão preocupadas com o mundo exterior a encontrar seu equilíbrio emocional.

Atrás da bela fachada mora o medo

Muitos não encontram paz de espírito. Em nossa sociedade cruel, há um aumento constante no número de pessoas emocionalmente doentes, e a taxa de suicídios tem aumentado.

Temos de lutar por um equilíbrio entre o progresso material e os valores éticos, entre conhecimento e sabedoria. No mundo ocidental, com sua fartura, um imenso medo, um forte sentimento de vazio e inutilidade frequentemente se esconde sob a superfície de uma "vida boa", porque as pessoas levam o mundo material muito a sério. Aqueles que sucumbem à ilusão de que podem comprar significado para a vida ficam infelizes. A tecnologia, a ciência e o progresso somente podem tornar mais fáceis as condições exteriores da vida. Eles não interferem nos problemas fundamentais do homem. Ainda há sofrimento, pobreza e medo.

Não existe apenas "ou... ou"

Nas escolas, até mesmo crianças pequenas são exercitadas para desenvolver suas habilidades intelectuais. Ao longo dos anos escolares, acumulamos uma vasta quantidade de conhecimento. Mas os valores humanos, em geral, têm apenas um papel secundário...

Em minhas viagens para palestras eu me surpreendo constantemente com o quanto as pessoas no Ocidente gostam de aprender. O público grava ou faz anotações. Os budistas tibetanos ou chineses, por exemplo, são muito diferentes. Eles podem assistir com bastante atenção, mas não se entusiasmam tanto ao ponto de querer aprender. Por diversas vezes fico impressionado com a iniciativa e a sede de conhecimento que encontro aqui.

Mas também descobri que muitas pessoas pensam em categorias, em preto e branco, e "ou-ou", não percebendo no processo o quanto tudo é interdependente e conectado entre si. As pessoas facilmente se esquecem que há mais do que dois pontos de vista.

Talvez isso ocorra porque a educação ocidental é quase meramente orientada para o desenvolvimento da inteligência e o acúmulo do máximo de conhecimento possível. Nesse processo, o desenvolvimento do coração é provavelmente negligenciado. Isso sem dúvida tem raízes históricas. Antigamente, eram as igrejas que observavam pela moral e pelas questões espirituais. Mas sua influência está desaparecendo hoje em dia. Como resultado, as crianças carecem de algo essencial em sua educação. Deve haver um equilíbrio entre o cérebro e o coração. Acho que um ser humano sem coração mas com um cérebro em bom funcionamento é um perigoso criador de caso.

Os danos da civilização

E quanto aos jovens tibetanos? Eles recebem uma educação equilibrada?

No Tibete de antigamente, os mosteiros eram responsáveis pela educação, até mesmo nas regiões mais remotas. Isso pode às vezes ser um erro, quando crianças de apenas sete anos fazem seus votos. Em muitos casos elas não entendem direito o que isso significa. Parece-me que o sistema monástico cristão é melhor. Uma pessoa entra num mosteiro somente quando adulto, depois de um período de consideração cuidadosa, durante o qual a decisão pode ser examinada de perto.

Em termos de educação, os jovens que vivem no exterior, em países como a Índia ou a Suíça, estão bem melhor do que os jovens dentro do Tibete. Mas, até mesmo aqui, me disseram, há jovens desonestos que fazem mal uso de sua inteligência e querem enriquecer às custas dos outros. Muitos meses atrás, houve até mesmo dois casos de assassinato entre tibetanos. É claro que a moralidade e a ética deixam muito a desejar em todos os países. Nossa cultura também tem de lidar com o dano moderno causado pela civilização, de modo que os budistas não são uma exceção.

Deposito toda minha esperança na geração mais nova. A responsabilidade pelo futuro está nas mãos do jovem. Os jovens de hoje estão expostos a muitas influências negativas através dos meios de comunicação de massa. Se os jovens veem muita violência na televisão, isso certamente irá afetar seu comportamento. Imagens tão desagradáveis podem causar um sério dano aos jovens. Precisamos nos perguntar o que deve ser feito de modo que os jovens recebam uma educação equilibrada. O filósofo Karl Popper, com quem estive em várias ocasiões, enfatizou repetidas vezes o quanto nosso futuro depende de uma educação equilibrada para os jovens.

Um mundo sem tecnologia

No Ocidente, existe o sonho romântico de um mundo ideal sem uma tecnologia que a tudo destrói. As conquistas tecnológicas e o progresso científico são, como o senhor já sugeriu, algo positivo para o senhor?

Mesmo na minha infância já me interessava por inovações tecnológicas e pelas descobertas das ciências naturais. Estou convencido de que a ciência ocidental, com seu pensamento lógico, deu uma importante contribuição para resolver problemas velhos da humanidade. Mas essas novas descobertas serão usadas para o benefício da humanidade ou sua destruição? Hoje, o pesadelo de ver o mundo inteiro ser destruído com um único golpe poderia se tornar realidade. Mas, nas últimas décadas, o pensamento ocidental mudou consideravelmente. Muitos cientistas me disseram que estão trabalhando a partir de uma nova perspectiva que engloba o mundo como um todo. Em sua visão, o pensamento e o sentimento não devem mais ser polos separados.

Como os dedos de uma mão

Até o século XVIII, pessoas muito dotadas podiam dominar quase a totalidade do conhecimento existente. Desde então, nós nos tornamos cada vez mais especializados. Quem hoje ainda tem uma visão do conjunto?

Nosso planeta está sendo sacudido por muitas crises atualmente. Não basta apenas rezar. Todos somos convocados a colocar nossas habilidades a serviço da humanidade. A ciência não deveria ser um fim em si mesma. Ela deve servir ao bem-estar da humanidade. Às vezes, comparo as várias ramificações do conhecimento – tecnologia, educação e religião – com os dedos de uma mão. A mão é o ser humano, a humanidade. Podem-se perder os dedos, mas sem a mão os dedos não têm propósito. Não devemos nunca esquecer que todas as ciências, as ideologias e os sistemas políticos, por mais diferentes que pareçam, devem servir para fazer as pessoas felizes. Não devemos perder de vista esse objetivo. E nunca devemos permitir que nossa própria visão de mundo se torne um fim em si mesma. A humanidade sempre deve ser a prioridade.

Hoje, vejo sinais encorajadores de que a ciência não precisa estar em oposição à religião e à espiritualidade. Nos últimos anos, descobri isso em conversas com biólogos, psicólogos, físicos quânticos e cosmólogos. Frequentemente falamos sobre a relação entre as descobertas das ciências naturais, a mente humana, e a alma humana. Na física quântica, chegou-se à conclusão de que, além das minúsculas partículas descobertas, há também uma outra força que não a energia da matéria.

O Dalai Lama se interessa pela física

Sua Santidade, então o senhor se interessa pelos últimos desdobramentos nas ciências naturais?

Sim, e eu gosto especialmente de ler livros de biologia e astronomia, mas também de física. Embora eu nunca tenha tido a oportunidade de estudar física, há cientistas ocidentais, como Carl-Friedrich von Weizsäcker, que eu considero praticamente meus professores. Algumas vezes, pude assistir a suas aulas por várias horas. Graças ao ensino deles, posso mais ou menos me orientar nessa área tão difícil. Mas a impressão de ter entendido tudo desaparece muito rapidamente sempre que a aula termina.

CRISE ESPIRITUAL NA PROSPERIDADE

Mesmo um ateu pode ter fé nisso

Muitas pessoas se sentem inseguras diante dos grandes perigos que a humanidade enfrenta. Como os indivíduos podem superar o sentimento de desamparo, o sentimento de que não há nada que eles possam fazer e que seus esforços são em vão?

O que cada pessoa pode fazer é ajudar os outros. Isso significa que devemos compartilhar e aliviar o sofrimento de outras pessoas. "Uma tristeza compartilhada é uma tristeza pela metade." Esse princípio moral se aplica à maioria das culturas e religiões. E não podemos excluir ninguém disso – nem mesmo nossos adversários. Quer vivamos no sul, no norte, no leste ou no oeste, somos todos membros de uma única raça humana e temos as mesmas preocupações e necessidades. Até mesmo um ateu pode partilhar isso. Por isso, não é importante se acreditamos em Deus ou na ideia do renascimento. Sempre podemos fazer o bem, mesmo hoje em dia, quando vivemos com medo dos perigos que o futuro pode trazer.

Falsos gurus

Então é simples assim? Mas existe um grupo de pessoas que está ganhando dinheiro às custas da falta de orientação dos seres humanos. O número de falsos gurus vem crescendo constantemente. Tem se tornado cada vez mais difícil distinguir entre líderes espirituais genuínos e charlatães.

A isso eu só posso responder dizendo que uma dose saudável de ceticismo deve fazer parte da busca pela verdade. Não devemos acreditar cegamente naquilo que uma pessoa diz. Pode ser algo desastroso se confiarmos em alguém e não examinarmos criticamente seus ensinamentos. Até mesmo os pensamentos pronunciados da maneira mais bonita não devem nos iludir quanto ao verdadeiro significado das palavras. Em qualquer circunstância, devemos nos informar bem sobre os grupos com que estamos lidando.

Quando não queremos aceitar os fatos, tomar os desejos por realidade é algo bastante perigoso. Somente quando seguimos com nossas incertezas e descobrimos as contradições, podemos formar uma opinião e obter uma visão mais clara das coisas. Somente comparando com outras religiões e filosofias é que podemos reconhecer os elementos que supostamente compõem os novos ensinamentos. Então, logo poderemos ver se o que está sendo pregado como a mais recente descoberta não passa de mais do mesmo.

Uma vez que alguém tenha entrado para uma seita, essa pessoa dificilmente será capaz de julgar se o suposto líder espiritual está mesmo falando a verdade. Isso, por sua vez, leva a pessoa à dependência e à falta de liberdade. É algo ingênuo acreditar em tudo sem formar uma opinião. Cada um de nós tem a responsabilidade pela própria vida e não pode cedê-la a um grupo. As seitas se separam dos outros. Algo que considero muito errado. O diálogo com pessoas que pensam diferente é muito importante. Por isso, e por conta das tradições tibetanas, fui instruído por mestres de diferentes escolas.

O jogo do esoterismo

Nas últimas décadas, várias correntes exóticas e esotéricas se espalharam pelo Ocidente. Algumas delas até mesmo adotaram a linha de pensamento budista.

Isso significa que tendências espirituais muito diferentes, vindas de outras culturas e tradições, estão se misturando umas com as outras. É difícil para mim orientar-me em meio a tudo isso. Mas com relação ao budismo, gostaria de dizer que ele pode ser até perigoso para aqueles que não estão capacitados, que não têm um mestre, para se dedicarem a certas práticas tântricas apenas por curiosidade e por brincadeira. As pessoas podem sofrer distúrbios emocionais se praticarem certas técnicas de ioga da maneira errada. Existe definitivamente uma razão para que os ensinamentos tântricos do budismo sejam um conhecimento secreto, que não devem ser aprendidos por qualquer um que tem uma aula rápida.

O budismo no supermercado religioso

No Ocidente, há uma crítica e uma aversão crescentes às nossas próprias culturas e religiões. As pessoas vão para lugares distantes e experimentam todo tipo de "métodos de iluminação" de culturas diferentes, estão procurando cada vez mais por coisas novas que as religiões têm a oferecer. Isso quase faz do budismo uma mercadoria no supermercado das religiões e das filosofias...

E como essas pessoas deveriam se orientar nesse supermercado hoje em dia? Aonde isso tudo vai levar se as pessoas continuarem a mudar seu caminho religioso constantemente? Uma vez que os indivíduos escolheram seu caminho, devem permanecer nele. Por exemplo, faria pouco sentido meditar intensamente por alguns meses e parar – para então recomeçar algum tempo depois. Somente quando fazemos práticas religiosas como a meditação e a oração todos os dias é que elas têm efeito. Somente assim obtemos maturidade interior. As pessoas nos países ricos se tornaram muito impacientes. Na era das máquinas, tudo parece funcionar com o pressionar de um botão – até mesmo a iluminação religiosa. Mesmo se muitas pessoas acreditam nisso, elas estão erradas. Certamente não nos tornamos seres iluminados dessa maneira.

Vamos recorrer a um exemplo do dia a dia e imaginar que estamos num restaurante e pedimos todos os pratos mais tentadores do cardápio. Provamos um pouco de cada mas não terminamos nenhum. No processo, sem dúvida só vamos fazer mal ao estômago em vez de nos fortalecer com a refeição. Quase o mesmo acontece se tentarmos um exercício de meditação hoje e outro amanhã, apenas para experimentá-los. Isso certamente vai fazer mais mal do que bem.

Não falta entusiasmo pelo esoterismo

Sua Santidade, o que o senhor falaria se alguém dissesse: "Eu ouvi o Dalai Lama. O que ele disse me convenceu e eu não me sinto mais em casa no mundo cristão. Gostaria de me tornar budista"?

Os indivíduos que desistem de sua religião não devem fazê-lo apenas por entusiasmo com o exótico nem em conflito com sua própria cultura. Devem continuar a respeitar as comunidades religiosas de onde vêm e não se separar delas. Toda religião serve à humanidade da sua própria maneira. Não estou tentando converter as outras pessoas ao budismo ou fazendo necessariamente uma propaganda da minha religião. O único fator decisivo para mim é o que eu, como humanista e budista, posso fazer pela felicidade das outras pessoas.

Mas é verdade que nas últimas décadas o interesse pelo budismo vem crescendo regularmente, sobretudo na Europa e na América do Norte. Hoje em dia, há mais de quinhentos centros de budismo tibetano espalhados pelo mundo. Claro que isso me agrada muito. A fim de apresentar o budismo para muitas pessoas, celebrei diversas cerimônias religiosas em países onde pouco se sabe sobre esta religião. Ao fazer isso, também quero dar minha contribuição religiosa para a paz mundial.

Mas vou repetir, no entanto: uma conversão ao budismo deve ser cuidadosamente pensada. Uma mudança espontânea de religião sempre se mostrou difícil e pode levar a sérios distúrbios emocionais. Qualquer pessoa que se converter ao budismo deve ser modesta e não querer fazer tudo de maneira completamente diferente com um fervor religioso excessivo. É como nos diz um velho provérbio tibetano: "Mude sua consciência, mas deixe seu exterior como está".

Apoio na vida

Iluminação sem drogas

Se entendi corretamente, o budismo é tudo menos uma forma de escapar do mundo. Algumas pessoas no Ocidente justificam o consumo de drogas dizendo que em muitas culturas religiosas antigas se tomavam drogas com fins meditativos.

Acho que as drogas deveriam ser fundamentalmente rejeitadas. O desenvolvimento espiritual deve ser obtido por meio da maturidade, e não de influências externas. Uma pessoa que toma drogas perde a capacidade de pensar com clareza. Nas nossas meditações é especialmente importante estar com a mente alerta. A iluminação interior por que lutamos deve ser obtida por meio de treinamento mental e trabalho diário no aperfeiçoamento interior, e não por meio de narcóticos. Uma pessoa que toma drogas quer escapar dos problemas do dia a dia, em vez de encarar a realidade como ela de fato é. Por isso, equilibrar a natureza humana é muito importante em todas as culturas e sociedades, tanto no que diz respeito à nossa própria saúde quanto à maneira com que as pessoas convivem umas com as outras. Uma ética básica se aplica aqui, quer a pessoa seja religiosa ou não.

O progresso e a crise de sentido

Nunca antes houve tanta riqueza para tão grandes porções da população do Ocidente. Ainda assim, cada vez mais pessoas parecem estar se perguntando: Nossas vidas têm algum sentido?

Sim, vemos que em muitos lugares do mundo o padrão de vida melhorou significativamente. No entanto, mesmo com as últimas descobertas, com o nível crescente de conhecimento, não conseguimos até hoje fazer com que as pessoas tenham paz e sejam felizes. O número de pessoas que podem ler e escrever tem aumentado de modo inédito. Apesar disso, não podemos dizer que a humanidade se aperfeiçoou quanto ao seu comportamento.

Ao contrário: a inquietação interior e o descontentamento parecem ter aumentado. O dito progresso não parece tornar a vida mais fácil. Ele também tem seu preço. Quando o progresso interior, que significa o sentido de responsabilidade por nós e pelos outros, não tem o mesmo ritmo que o progresso exterior, então ficamos cada vez mais desequilibrados. Já é hora de refletirmos e pensarmos se devemos mudar. Se não fizermos isso, os resultados podem ser consequências indesejadas para as futuras gerações.

Afinal, sabemos a partir de nossa experiência diária que, quando encaramos a vida com confiança já pela manhã, temos sucesso mais facilmente. Assim podemos lidar melhor com os desafios que cada dia reserva para nós. Podemos até mesmo suportar más notícias com uma atitude mais equilibrada e satisfeita.

Entretanto, se estamos de mau humor e descontentes, até mesmo as coisas mais bonitas vão nos afetar da maneira errada. Então ficamos reféns da raiva e do ódio por nós mesmos e pelos outros. Deixamos de nos sentir bem em ser quem somos. Não apreciamos uma bela flor, o canto de um pássaro ou o sorriso de uma criança. Isso mostra o quão importante é viver em harmonia consigo mesmo. Quer tenhamos uma alta posição na sociedade ou um papel muito simples, todos desejamos paz de espírito e coexistência pacífica com os outros.

As crianças precisam de afeto acima de tudo?

O senhor vê uma correlação entre o progresso material e a crise de sentido do Ocidente. Talvez pudéssemos também fazer a seguinte comparação: as pessoas que vivem na riqueza podem normalmente manter suas casas aquecidas sem muita dificuldade. Ainda assim, o Ocidente está vivendo uma "Era do Gelo das Emoções".

Isso é algo que já começa na casa dos pais. Os pais devem prover não apenas o calor externo para seus filhos, mas também o calor interno. Eles devem criar um ambiente seguro em que a criança sinta amor e aceitação. Há muitas crianças rejeitadas, com que os pais pouco se preocupam. Como resultado, pode ser que mais tarde, quando elas se tornam adolescentes, não queiram continuar a viver. Estão tão desesperadas que põem termo às suas vidas porque não vivenciam na casa de seus pais o valor e a importância de sua existência, da vida humana em geral.

O afeto a uma criança recém-nascida é a prerrogativa para que ela se desenvolva adequadamente nos níveis espiritual e físico. Isso se aplica até mesmo ao período que antecede o momento em que a criança entende o significado das palavras. As pessoas podem pensar que não é tão importante o que dizem a uma criança pequena, visto que ela não entende as palavras. No entanto, médicos que se especializaram no desenvolvimento do cérebro das crianças me garantiram que as semanas após o nascimento são decisivas para o desenvolvimento cerebral humano.

O simples ato de abraçar um bebê tem um efeito benéfico no seu desenvolvimento espiritual posterior. Até mesmo uma criança sente o quão importante é o amor para um ser humano. Percebemos bem no começo de nossas vidas se estamos ou não vivenciando a compaixão e o afeto. O amor é a fonte da vida. É tão importante para o homem quanto a água para o peixe.

De geração para geração

Se o amor dos pais influencia até mesmo a inteligência de uma criança, então podemos dizer que a falta dele se torna patente mais tarde, na vida profissional. Então, a sociedade humana depende desse amor de várias maneiras...

As crianças que crescem no ambiente amoroso da casa de seus pais tenderão a ter um desenvolvimento emocional saudável. Eles também vão aprender melhor na escola e ter mais sucesso. Mas a abordagem amorosa com as crianças e os jovens não deve se limitar ao lar. Também faz uma grande diferença o modo como professores abordam seus alunos, por exemplo. Se eles são frios, hostis e injustos, provavelmente os alunos não vão gostar de estudar. Por outro lado, se os professores demonstrarem afeto, compaixão e compreensão, os estudantes vão seguir seus ensinamentos com mais interesse. A má vontade e a impaciência dificilmente vão motivá-los a estudar. Posteriormente, quando começarem suas próprias famílias, eles também poderão dar a seus filhos um lar feliz. É como uma cadeia que se estende de uma geração para outra.

Alguém que cresce sem afeto e é prejudicado por conta disso está numa situação completamente diferente. Aqueles que não vivenciaram o amor não sabem o que ele é, o que frequentemente torna difícil sua relação com os outros. Isso poderia ser considerado fundamental para uma ética geral que independe de religião: passar adiante a compreensão, a compaixão e o afeto que nós mesmos conhecemos. Durante o período inicial da vida humana, o amor também é uma das condições mais importantes para o desenvolvimento equilibrado da natureza humana. Se ele falta, então as pessoas se sentem inseguras ao longo de suas vidas e são afetadas por todo tipo de medo.

Usando o medo para fazer negócios

Até o medo se tornou um negócio. O medo parece ser a aflição mais comum dos nossos tempos. Muitos psiquiatras e psicoterapeutas desenvolveram terapias contra o medo. Ainda assim, um grande número de pessoas é atormentada por medos que não param de crescer. O que podemos fazer?

Nas grandes cidades modernas, as pessoas têm conforto material, mas são muito solitárias. Fico surpreso com a quantidade de indivíduos que, embora se encontrem constantemente com outras pessoas, só conseguem expressar seus verdadeiros sentimentos com seus animais de estimação. A batalha pela sobrevivência na sociedade faz com que as pessoas se deparem com o medo e a desconfiança das outras.

Além disso, há as terríveis notícias da imprensa também. Toda manhã, nós nos confrontamos com notícias tristes no rádio, na televisão e nos jornais: violência, crime, guerras e catástrofes. Não consigo me lembrar de um único dia em que não tenha ouvido algo horrível. Hoje, mais do que nunca, a vida humana parece ser exposta a um mundo cheio de perigos. Nenhuma geração anterior teve de lidar com tantas notícias ruins. Em algum momento, todo ser humano sensível irá se perguntar que tipo de mundo é este, em que tanto sofrimento ocorre? E as pessoas ficam com medo desse mundo.

Preocupar-se muda muito pouco

Um hino de Paul Gerhardt, poeta do século XVII, tem a seguinte letra: "Por conta de nossas preocupações e do nosso pesar e do tormento que infligimos a nós mesmos, Deus não alivia nada, é preciso orar". Preocupar-se geralmente só torna as coisas mais difíceis...

Esse é um belo pensamento. Para nós, isso significa: se há preocupações em relação às quais podemos fazer algo, então não há razão para se desesperar. Mas se não há nada que possamos fazer para mudar, então o desespero não irá ajudar. Então por que deveríamos nos preocupar se um problema pode ser resolvido? Se existe uma solução, então nós não temos de ter medo. Mas quando algo não pode ser mudado, então temos de nos conformar. A preocupação tira de nós a força de que precisamos. É inútil. Geralmente sigo esta regra: esperar pelo melhor e estar preparado para o pior.

Afinal, no budismo acreditamos no carma, na lei "da causa e do efeito". Podemos passar por um grande sofrimento e aprender com a experiência se soubermos que a causa de tamanha dor foram nossos próprios erros do passado. Então não ficamos mais desamparados, tornamo-nos responsáveis por nosso próprio destino. Uma atitude assim pode ajudar muito. Pode fazer com que o medo e o desespero desapareçam.

As pessoas podem ter muitas esperanças. Quando uma esperança não se realiza, não é uma catástrofe. A vida, com tantas possibilidades, vai em frente, e outros desejos se realizam. Se pusermos todos os nossos ovos num cesto, então um eventual fracasso pode nos levar a um desespero e uma depressão profundos, podemos até mesmo tirar nossa vida de tão decepcionados. Mas com a atitude certa, ninguém precisa se sentir desamparado.

Para nós, a morte é uma velha conhecida

Sua Santidade, existem momentos em que o senhor é tomado por inquietação ou ansiedade, como alguém que está viajando de avião teme um desastre sem chances de sobrevivência?

Quando criança, eu tinha medo do escuro, um mal de que obviamente não sofro mais. Minha principal preocupação não é comigo mesmo e com minha segurança pessoal. Penso nos seis milhões de tibetanos que colocam sua confiança e sua fé em mim. Quando conseguimos controlar nossos poderes espirituais, não temos por que ter medo, até mesmo quando um avião cai. Eu me preparo para a morte todos os dias. Para nós, budistas, a morte é muito natural, um fenômeno que é parte do ciclo da existência, do samsara. A morte não é um fim. É algo muito familiar para nós. Quase a aceitamos instintivamente, e não devemos ter medo dela. Imagino que morrer seja como trocar roupas usadas por novas. Pode ser algo maravilhoso.

Velhice, doença e morte: as mensageiras dos deuses

Desde tempos imemoriais, a humanidade se preocupa com a questão do sofrimento, ainda que muitas pessoas em nossa abastada sociedade não queiram ser lembradas disso. No budismo, a velhice, a doença e a morte são chamadas de "mensageiros dos deuses" (deva-duta). Elas conscientizam as pessoas de que a existência é cheia de sofrimento e não é permanente.

É assim que somos levados ao caminho da libertação. A meditação diária é de muita ajuda nesse caso. Em vez de fugir dos pensamentos ligados à velhice, à doença e à morte, deixando-nos distrair com o ritmo acelerado e o barulho, nós nos sentamos e nos familiarizamos com essas realidades. Quando nos conscientizamos repetidamente de que nossa vida está conectada com o sofrimento e a morte, a consciência se tornará nossa segunda natureza. Então conseguimos aceitar a vida na felicidade e no sofrimento como uma só. Não temos de temer o pensamento de que todos nós vamos eventualmente dizer adeus a tudo.

O sofrimento também pode ser uma escola na vida. Quando olhamos as biografias de pessoas influentes, vemos que em muitos casos elas se tornaram mais fortes precisamente por causa de experiências difíceis. Alguém que é mimado e tem tudo pode entrar em profundo desespero quando a menor das dificuldades surge.

Quando comparo a geração que viveu a Segunda Guerra Mundial com a juventude de hoje, sinto que esse ponto de vista se confirma. Claro que nem tudo é somente ruim. Às vezes, precisamos mudar nossa perspectiva e então vemos em retrospecto que mesmo o fato mais triste pode também esconder em si uma experiência de valor.

Luz e sombras

Também é importante aprendermos a manter uma certa distância de nós mesmos para que não fiquemos paralisados em situações tristes nem sejamos arrasados por elas...

A meditação ajuda nisso. Podemos, por exemplo, imaginar o quão prejudicial é ser constantemente infeliz e insatisfeito. Quando pensamos no valor e no propósito da vida, duas perspectivas se abrem: de um lado, ganhamos confiança e segurança; de outro, reconhecemos nossas limitações e nos lembramos de que somos mortais. Até mesmo aqueles que não acreditam na vida após a morte têm de lidar com o fato de que envelhecemos. O desejo de ter uma vida longa e nunca envelhecer, o desejo de juventude eterna, permanece um sonho irrealizável. Envelhecer faz parte da vida. Nenhum poder, nenhuma ciência, nenhuma tecnologia moderna podem parar esse processo natural. Então é muito melhor aceitar esse fato básico, familiarizar-se com ele, do que lutar contra ele ou suprimi-lo.

Se nos recusamos a ver os aspectos sombrios da vida humana, não nos preparamos para golpes do destino como a perda de alguém próximo ou uma doença grave. Aqueles que são completamente despreparados serão derrotadas pelo infortúnio. No budismo, acreditamos que, como mencionei, o sofrimento é uma consequência de nossos maus pensamentos, nosso ódio, nossas más ações, nossa ignorância. É o que chamamos de carma negativo. Em um renascimento futuro, poderemos voltar como um animal, e não como um ser humano. Em uma existência humana, entretanto, podemos lidar com o sofrimento de modo adequado e diminuir o carma negativo mais do que um animal.

Experiências com a morte...

Como um budista se prepara para a morte durante a meditação?

Durante minha própria meditação, penso sobre minha própria morte oito vezes ao dia. Ao fazer isso, faço com que as fases do processo da morte passem diante do meu olho interno. É importante repetir esse exercício constantemente. Mas mesmo essa preparação incessante para a morte não nos dá uma segurança máxima. Não sei por antecipação se realmente vou passar no teste nas minhas últimas horas, quando meu momento chegar.

Os telespectadores que ficaram horrorizados com as terríveis imagens da guerra na Bósnia, por exemplo, ainda estão lidando com o medo da sua própria mortalidade. Podemos presumir uma de duas atitudes diante da morte: ignorá-la ou aceitar conscientemente o fato de que em algum momento nossa vida vai chegar ao fim. Como é óbvio que vamos morrer, não faz sentido preocupar-se. Quando aprendemos a pensar desse modo, o medo da morte pode ser diminuído. É claro que isso não significa que, como resultado, pode-se vencer a morte.

Cada um morre de um jeito diferente

Provavelmente, nenhum outro escritor na literatura alemã escreveu sobre a morte como o poeta Rainer Maria Rilke. Em O Livro das Horas *ele escreveu: "Oh, senhor, dê a cada um de nós a sua própria morte. O morrer que vem de uma vida que teve em si amor, sentido e sofrimento."*

Há muitas maneiras de morrer. Quando se morre de causa natural, o indivíduo com certeza está mais bem preparado e pode deixar conscientemente esta vida. Então ele não perderá sua paz interior. Essa atitude espiritual influencia a nova encarnação. De acordo com a perspectiva budista, a morte pode ocorrer porque a força vital ou o "ganho cármico", as boas ações, se exauriram. Outras pessoas sofrem uma morte violenta.

Uma enfermeira uma vez me disse que pessoas muito religiosas frequentemente morriam com muito medo porque temiam o "Julgamento Final". Depois de uma vida plena, os indivíduos podem morrer calmamente com o sentimento de ter dado o melhor de si. As pessoas que praticaram boas ações geralmente deixam esta vida em paz, pois o medo da morte desaparece. É diferente para aqueles que se envolveram em muitas ações nocivas. As pessoas que praticaram más ações e prejudicaram outras têm sentimentos de culpa em suas últimas horas.

A cobiça é a raiz de muitos males

Também temos a tendência de dizer que ninguém pode escapar da maldição das más ações. Por que é tão difícil fazer o bem e evitar o mal?

Devemos procurar as causas do mal bem dentro de nós mesmos. Logo que nos permitimos ser dominados pelas forças repreensíveis do mal, acumulamos o carma ruim e fazemos mal sobretudo a nós mesmos. Isso já é suficiente para que façamos um esforço para fortalecer o bem dentro de nós.

De acordo com os ensinamentos budistas acerca da alma, a maioria das nossas dificuldades resulta do nosso desejo apaixonado de possuir as coisas que erroneamente consideramos não perecíveis. A ambição, em especial o desejo de possuir algo, nos torna agressivos. Essa atitude determina, então, nossas ações. É isso que vem acontecendo desde o alvorecer da humanidade, mas, sob as circunstâncias modernas, tal atitude tem se tornado ainda mais ameaçadora. Não podemos nos deixar envenenar pela cegueira, ambição, inveja e agressividade. Quase todas as crises do mundo acontecem devido a esses "venenos".

Cresci na tradição do budismo Mahayana e acredito que o amor e a compaixão são as melhores garantias para controlar nossos constantes desafios internos. O principal tema da meditação que eu pratico todos os dias é a compaixão abrangente, a misericórdia e a interdependência de todas as formas de existência.

Isso também ajuda em minha atitude em relação aos chineses. Se eu me permitisse ter ódio, raiva e ira em relação a eles, não seria um sinal de força. Como resultado, eu perderia minha paz interior. Alguém pode dizer que exercícios espirituais com o objetivo de mudar o coração humano pouco contribuem para resolver os desafios políticos. Mas muitos dos problemas fundamentais na política são, sobretudo, criados pela atitude negativa das pessoas. A longo prazo, esses problemas podem ser resolvidos somente quando os seres humanos mudarem.

Os maus pensamentos são os nossos verdadeiros inimigos

De acordo com a perspectiva budista, qual é a origem do mal do mundo?

No budismo, temos várias explicações para as más qualidades nas pessoas. Primeiro, há a crença de que muitas das coisas ruins de hoje são efeitos das vidas passadas.

Também consideramos a má influência de outras pessoas. Se estamos em má companhia, com pessoas invejosas e de coração duro, isso acaba nos afetando. Certamente vamos experimentar coisas negativas vindas dessas pessoas e podemos perder nossa confiança básica na humanidade. Também há o perigo de que nos preocupemos apenas com o que diz respeito a nós mesmos, em vez de pensar no bem-estar dos outros.

Nossos verdadeiros inimigos são os maus pensamentos. Podemos fugir de inimigos externos. Mas o ódio e a raiva permanecem conosco, mesmo quando fechamos as portas atrás de nós. Quando temos pensamentos negativos, prejudicamos sobretudo a nós mesmos porque mesmo as coisas mais belas já não nos deixam felizes. Eu me lembro de uma vez ter tentado consertar um relógio. Embora seja umas das minhas atividades favoritas, quando falhei repetidas vezes, bati no relógio e quebrei tudo.

O argueiro em nossos próprios olhos

Mas nós em geral pensamos da outra forma. Não queremos ver nossos próprios erros, mas podemos falar sem fim sobre as más qualidades dos outros. É o que Jesus também quis dizer com a seguinte metáfora: "Ou como dirás a teu irmão 'Deixa-me tirar o argueiro do teu olho', quando tens uma trave em teu próprio olho?" É assim que o "irmão" se torna rapidamente o inimigo.

Sim, o único inimigo que deveria realmente me afetar é o mal em meu próprio coração. As hostilidades externas podem passar, mas os inimigos internos como a raiva, o ódio e a cobiça irão permanecer. O mesmo se aplica a todo ser humano: sou meu próprio pior inimigo com minha dependência, minha cobiça e meu ódio. O inimigo em nossos próprios corações sempre permanecerá um inimigo. Não podemos nos comprometer com nossas próprias tendências para o mal. Os maus pensamentos não podem realizar nenhum bem. Eles devem ser controlados porque, de outra maneira, não conseguiremos paz interior. Visto assim, nosso verdadeiro inimigo, o incansável criador de problemas, vive dentro de nós.

Por outro lado, o inimigo externo de hoje pode às vezes se tornar o melhor amigo de amanhã. Na minha vida, frequentemente aprendi muito com aqueles que considerava meus inimigos.

Os inimigos se tornam amigos

Aprender com nossos inimigos?

Deveríamos praticar a bondade e a tolerância não somente com nossa família e amigos, mas especialmente com nossos adversários. Visto assim, meu inimigo é meu verdadeiro amigo. Meu inimigo é o critério para minha força interior, minha tolerância e meu respeito pelos outros, especialmente os estrangeiros. O budismo Mahayana dá muito valor a isso.

Somos todos humanos

A tolerância e a compreensão em relação aos estrangeiros têm se tornado cada vez mais importantes agora que as culturas estão se aproximando e se misturando. Apesar disso, existe uma atitude xenófoba se espalhando por quase toda a Europa. A violência contra os estrangeiros tem crescido na Alemanha...

Vejo como um bom sinal que a opinião pública venha demonstrando estar chocada com essa violência. Enquanto as pessoas rejeitarem os estrangeiros, os políticos poderão fazer muito pouco. O importante é irmos ao encontro dos estrangeiros com uma atitude amigável. Ao fazermos isso, devemos ter em mente que os estrangeiros se sentem exatamente como nós. Essa é a única maneira de derrubar as barreiras que erigimos de dentro para fora, entre nós mesmos, nossa família e os estrangeiros. É a única maneira de fazer um contato genuíno com nossos companheiros seres humanos.

Entre outras coisas, o sentimento de ódio em relação ao estrangeiro é uma expressão de medo do desconhecido. Quando pessoas estranhas se conhecem, elas são inicialmente cautelosas e reservadas. Mas tais medos podem ser atenuados. Quando encontro pessoas que não conheço ainda, presto pouca atenção à sua posição ou se são ricos ou pobres. O que conta para mim é sua expressão facial, seu sorriso e o jeito como olham. Isso me diz mais sobre os indivíduos do que qualquer coisa escrita ou seus passaportes. Toda vez em que eu falo com alguém de uma cultura diferente, posso até sentir que há aspectos que nos diferenciam, mas, ainda assim, somos todos seres humanos.

Quando crianças da África, da Europa ou da Ásia se encontram, elas não têm dificuldade de brincar juntas. Afinal de contas, as crianças não prestam atenção às diferenças culturais. Se elas se dão bem umas com as outras, tornam-se amigas sem prestar atenção à raça ou à cor da pele. Isso demonstra que existe uma grande comunidade de povos.

Ideias diferentes de felicidade

Felicidade e infelicidade

Sua Santidade, o senhor frequentemente enfatiza que todas as pessoas buscam a felicidade. Mas nós não diferimos quanto aos nossos conceitos de felicidade?

A felicidade tem muitos níveis. Imagino a felicidade como um jogo mútuo entre a paz interior nos corações dos indivíduos e a paz exterior no mundo, entre as sociedades. E eu desejo o máximo de prosperidade possível para todos os habitantes da Terra. A pobreza e a miséria não propiciam uma vida feliz. Temos de ser capazes de satisfazer nossas necessidades básicas. Precisamos de comida, de água limpa e de um telhado sobre nossas cabeças. Isso vale para qualquer cultura.

Algumas pessoas pensam que aqueles que gozam de uma vida luxuosa e aproveitam o dia a dia sem o menor esforço levam uma vida verdadeiramente feliz. Mas a riqueza não é garantia de felicidade. Muitas vezes, as preocupações aumentam à medida que o dinheiro aumenta. Quanto mais possuímos, mais podemos perder. Mal adquirimos algo e já estamos com medo de perdê-lo. Aqueles que compram apenas por avidez logo notarão que existem pessoas que possuem ainda mais. Esse caminho nunca nos leva à paz interior. Há duas maneiras de vivenciar a felicidade e o sofrimento: no nível espiritual ou no físico. Acredito que o espiritual seja o decisivo. Então é muito importante exercitarmos nossas mentes. É assim que podemos nos deparar com o infortúnio com mais serenidade e nos tornarmos mais receptivos à felicidade.

A bondade humana está à venda numa loja de departamentos?

A sociedade de consumo baseia-se na ideia de que comprar nos torna felizes. As pessoas estão constantemente sendo persuadidas de que ainda precisam disso ou daquilo para ter o máximo de felicidade. Até mesmo nossos feriados religiosos degeneraram para celebrações do consumo...

É uma ilusão achar que comprar nos torna felizes. Embora a ciência e a tecnologia tenham dado contribuições importantes para o bem-estar das pessoas, nunca serão capazes de produzir a felicidade para os indivíduos. Vi muitas lojas de departamento opulentas nos Estados Unidos e na Europa, onde qualquer tipo de mercadoria é oferecido, mas nunca vi uma em que a bondade humana estivesse à venda. O progresso material deu às pessoas o tipo de felicidade que depende somente das circunstâncias externas. Mas a verdadeira felicidade vem dos corações das pessoas e não é ligada a nenhum tipo de mercadoria. A bondade e a felicidade devem surgir em nossos corações. Embora agora seja possível transplantar corações, não há operação que possa nos dar um coração afetuoso e bondoso.

Quando nos dispomos a levar uma vida modesta então também ficamos contentes. Um estilo de vida simples é muito importante para ser feliz. Quando estamos felizes com o que temos, quando estamos satisfeitos não querendo constantemente algo novo, vivenciamos contentamento e a alegria de existir. Também é possível ser feliz com roupas simples, ou até mesmo em andrajos, vivendo numa moradia sem sofisticação. E podemos ficar plenos de alegria ao conseguirmos nos livrar de atitudes interiores erradas e desatar os nós.

Os mais elevados objetivos

A busca pela felicidade determina o propósito de nossas vidas?

O contentamento, a alegria e a felicidade são sem dúvida os maiores objetivos da vida. E a fonte da felicidade é um coração solidário e afetuoso. Já no primeiro momento em que os seres humanos adentram este mundo, eles desejam a felicidade e tentam instintivamente evitar o sofrimento. Não importa em que classes sociais os indivíduos nascem, que educação eles têm, com que ideologia eles crescem ou em que país eles vivem. Mesmo eu não sabendo de qualquer sistema político superior a todos os outros, sei que todas as pessoas têm o direito à felicidade em seu próprio país.

Paz e meio ambiente

No espírito de Mahatma Gandhi

O senhor certamente também está pensando em seu país natal, o Tibete, quando fala de se ter felicidade em seu próprio país. Numa época de crescente violência, o Dalai Lama incorpora a resistência pacífica como poucos outros. O senhor se comprometeu de um modo inabalável com a não violência. Todas as suas sugestões de solução para a paz baseiam-se em tolerância e respeito mútuo no espírito de Mahatma Gandhi e Martin Luther King Jr.

Eu me sinto em dívida sobretudo com os ensinamentos de Mahatma Gandhi. Como disse no meu discurso por ocasião do recebimento do Prêmio Nobel em 1989, em Oslo, vi o prêmio como um sinal de que nós, tibetanos, não fomos esquecidos. Mesmo tendo lutado com meios pacíficos, conseguimos atrair atenção para nossas dificuldades. Ele também foi um reconhecimento dos valores que são importantes para nós, tais como o respeito a todas as formas de vida e a crença no poder da verdade. Acredito que o diálogo é o único modo de encontrar uma solução duradoura para a questão do Tibete.

Algumas coisas podem ser realizadas a curto prazo por meio de violência, mas, a longo prazo, a violência torna tudo mais difícil. Por essa razão, eu me comprometo com a resistência não violenta e ações pacíficas.

Resistência pacífica

Quando pensamos nos repetidos levantes no Tibete, pode nos parecer que a política de resistência não violenta começou a desmoronar por lá.

Não, eu não acho isso. Em 1987, descrevi em um plano de paz com cinco pontos sobre como a questão tibetana poderia ser resolvida: o Tibete deveria formar uma entidade governada independentemente, democrática, mas a China continuaria a ser responsável por sua política externa. Como o lado chinês não esboçou nenhuma reação, retirei a sugestão em 1991. As concessões de longo alcance ao poder chinês me trouxeram um bocado de críticas dos tibetanos. De qualquer modo, continuo a apoiar a não violência.

Os chineses também são gratos

Existem circunstâncias em que o uso da violência pode ser justificado pela religião?

Sim, sob certas circunstâncias. Tudo depende das motivações e dos objetivos que as pessoas têm em mente. Se não há quaisquer outras alternativas, então a violência é permitida. No que toca à questão tibetana, entretanto, uma batalha armada seria suicídio absoluto. A China poderia varrer todo o povo tibetano.

A minha convicção de que a não violência é o caminho apropriado foi recentemente confirmada de novo. Muitos chineses na China e no exílio disseram-me que são gratos a mim por não ter mudado a minha posição. Desse modo, evitamos também qualquer sentimento de ódio em relação aos chineses. Isso foi uma confirmação de que meu caminho é o certo. Estou muito feliz com isso.

O futuro da humanidade

Sob essa perspectiva, isso significa que a não violência é mais do que uma simples ausência de violência?

Para nós, a não violência é uma atitude da mente em sintonia com o amor e a compaixão. Afinal, é possível para as pessoas falar palavras amigáveis para os outros, da boca para fora, enquanto guardam pensamentos malévolos em seus corações. Por outro lado, as pessoas podem parecer duras, mas ainda assim ser afetadas pela compaixão. Sempre depende das motivações.

Alguns acham que a não violência é somente para pessoas devotas. Mas eu acredito que ela diz respeito a todas as pessoas e que o futuro da humanidade depende da coexistência pacífica de todos os seres. Todos estaríamos em perigo se o ódio e a violência prevalecessem. Sobretudo tendo em vista o terrível potencial de armas, nossa ideia de não violência tornou-se uma questão de sobrevivência. O único caminho para sobrevivermos neste planeta é praticar a atitude de não violência. Particularmente no século XX, vivenciamos repetidas vezes o sofrimento e a miséria causados pelas guerras. Aprendemos o quanto devemos temer o uso de armas.

Os soldados não realizam nada

É possível existir um mundo sem violência? Ou isso não passa de ilusão?

Infelizmente, a raiva, o ódio e a violência são fatores que contribuem constantemente para os atuais conflitos, seja no Oriente Médio, no Sudeste Asiático, na antiga Iugoslávia ou nos embates entre o norte e o sul. Muitos focos de problemas se desenvolvem porque um grupo não entende as diferenças de outros. Nem mais armas e soldados nem um maior desenvolvimento podem mudar nada disso. É preciso que fique cada vez mais claro que nós, seres humanos, temos um destino comum. O ódio e a guerra não trazem felicidade sequer para os vitoriosos. A violência sempre produz miséria e não traz uma benção para aqueles que se mostraram mais fortes.

A Guerra Fria acabou, mas os arsenais de armas nucleares que podem destruir o mundo ainda existem. As guerras acontecem porque as pessoas são guiadas pela inquietação e por um frenesi destrutivo. Todo mundo perde na guerra. Talvez os líderes políticos devessem fazer reuniões de "abertura política" em que pudessem conhecer melhor a si mesmos como pessoas, num ambiente mais casual. Eles provavelmente desenvolveriam uma melhor compreensão como resultado. A raça, a cultura e a ideologia não devem nos separar, porque existe uma única humanidade. Isso vale para a guerra ou para a paz, também para a salvação ou destruição do meio ambiente.

Um aviso da "Mãe Terra" aos seus filhos

Para os budistas, diferentemente dos cristãos, os seres humanos não são o auge da Criação. Eles não foram evocados para dominar a Terra...

Qualquer que seja o conceito que tenhamos, a dura realidade de hoje nos força a repensar a situação. Nós, budistas, acreditamos que a Terra é como uma "mãe" para nós. Ela é uma mãe que criou a nós, seres humanos, e nos saciou todas nossas necessidades. A natureza cuida de nós com carinho. Então também devemos garantir sua preservação. Se observarmos a devastação ambiental de nossos dias, parece que a Mãe Terra está nos dizendo: "Meus filhos, vocês têm de ser sensatos. Se continuarem a explorar o planeta assim, o único resultado possível é uma catástrofe."

Até agora, nossa "mãe" tolerou o mau comportamento de seus filhos. Porém, como estamos chegando a extremos, alguns limites têm sido colocados para nós. Há muitos sinais de alerta que não deveríamos desprezar. Não podemos continuar a pensar somente no nosso próprio benefício de maneira egoísta, sem consideração. Este planeta é nosso lar. Nós sequer sonharíamos em incendiar nossa própria casa para nos aquecer com as chamas. Para onde poderíamos nos mudar se nosso planeta for destruído? Talvez para a Lua?

Os peixes estão nadando de novo

Atualmente, as pessoas levam a sério os avisos da Mãe Terra. Mas a questão é se as iniciativas tomadas até agora são adequadas.

Sim, existe uma "ecologia amistosa" que tenta parar a destruição da camada de ozônio com latas de aerossol não prejudiciais ao meio ambiente. Quando estive em Estocolmo há muitos anos, eu vi o Lago Mälar, que corre através da cidade. Parecia estar morto. Estava tão poluído que as pessoas me disseram que provavelmente não havia peixes vivendo ali. Quando voltei lá recentemente, descobri que o rei colocou peixes no lago pessoalmente. As fábricas localizadas no rio que alimenta o lago tomaram medidas apropriadas. Fizeram esforços para limitar a poluição. Somente quando vivemos de maneira modesta e sensata e não exaurimos os recursos naturais da Terra vivemos em harmonia com a natureza. Se não pararmos a exploração destrutiva, o equilíbrio natural será perturbado, o número de catástrofes naturais aumentará, e não somente a humanidade, mas também o mundo animal e vegetal sofrerá as consequências.

Ahimsa

Sua Santidade, é verdade que o senhor gostaria de fazer do Tibete uma "zona de paz"?

Sim, eu gostaria que ele fosse uma "zona ahimsa". *Ahimsa* é uma palavra budista para a "não violência" com todos os seres. Meu sonho é que todo o platô do Tibete se tornasse um refúgio onde os seres humanos e a natureza pudessem viver em equilíbrio harmonioso. Pessoas de todos os lugares do mundo poderiam viver lá em paz. O Tibete poderia se tornar um centro de paz e contribuir para espalhá-la por toda a Terra.

Gostaria de fazer do Tibete a maior reserva natural do mundo. Todas as organizações dedicadas à promoção da paz e à preservação da vida seriam bem-vindas lá. Por conta de sua elevação geográfica, sua história e herança espiritual, o Tibete está especialmente capacitado a cumprir seu papel histórico como um "amortecedor" no meio de uma zona estratégica entre as grandes potências da Ásia. O que seria também um "caminho intermediário", que é o principal interesse dos budistas. Estamos constantemente tentando achar uma posição equilibrada entre dois extremos, sejam indivíduos, um povo ou uma cultura.

A dura pobreza e a boa vida

Todos nós somos ameaçados pelas catástrofes ambientais. Ainda assim, a maior parte da população mundial é que vive em extrema pobreza...

Aí existe uma contradição. Os países pobres precisam de um rápido crescimento econômico para sobreviver, ainda que a melhora em seu padrão de vida implique destruir o meio ambiente. Sem desenvolvimento econômico a sobrevivência de grandes segmentos da humanidade está em perigo. Nós nos vemos em um dilema porque a humanidade não pode voltar aos padrões de tecnologia do século XIX. Deveríamos fechar as fábricas e voltar a ser autossuficientes? É claro que algo assim não é possível.

Já nos anos 60 eu tive longas discussões com um indiano que propunha que os indivíduos deveriam possuir uma pequeno pedaço de terra e prover sua própria subsistência. Todas as grandes fazendas seriam abolidas. Ele era um verdadeiro ecologista, embora ele mesmo não soubesse, porque o termo ainda não havia chegado à Índia.

Fazer todas essas considerações não é algo que se limita a nós, mas que afeta também as futuras gerações. A população está crescendo, e os recursos naturais estão ficando cada vez mais escassos. Por exemplo, pense nas árvores: mesmo hoje em dia, não sabemos os efeitos que destruição das florestas terá no clima, no solo e na ecologia mundial. Esses problemas vão nos devastar se as pessoas não pararem de pensar somente no seu próprio bem. Se a atual geração não conseguir pensar globalmente, então deixaremos para nossos filhos e para os filhos dos nossos filhos problemas impossíveis de resolver.

Sobre a liberdade religiosa no Tibete

Eles apenas imitam como papagaios

Sua Santidade, quão ampla é a liberdade religiosa no Tibete sob ocupação chinesa? Os monges podem praticar a religião sem interferência?

Os chineses esperavam que os fundamentos dos ensinamentos budistas iriam desaparecer em uma ou duas gerações. Eles realmente acreditavam que seriam capazes de erradicar toda convicção e crença, exceto o marxismo. Por isso, eles ainda estão tentando impedir a propagação do budismo com todo tipo de restrição. Mas a situação difere de região para região. Na chamada Província Autônoma do Tibete, as restrições são mais severas do que em Amdo e Kham e em algumas áreas remotas que são mais difíceis de ser controladas pelas autoridades chinesas.

Parece que os chineses não entendem nada do budismo. Eles permitem certas práticas como as prostrações — quando as pessoas tocam a testa, a garganta e o peito com as palmas das mãos juntas e então se deitam de bruços no chão antes de se levantarem de novo e repetirem o movimento. Eles não se opõem às nossas práticas de reza como o uso de rodas de oração, acender lâmpadas, usar rosários, ou dizer o mantra *om mani padme hum* (Om! A joia está no lótus, hum). Mas da perspectiva budista, esses são exercícios religiosos menores. A prática essencial para nós é a transformação da mente, a transformação fundamental da atitude do homem em relação ao que o cerca e em especial em relação aos nossos companheiros seres humanos.

A fim de entender o budismo, é necessário estudá-lo com afinco. Infelizmente restaram poucos estudiosos budistas no Tibete, e os poucos que lá ficaram são intimidados. Eles têm medo das várias punições aos que propagam nossos ensinamentos. Por isso acho deplorável que a instrução religiosa seja inadequada no Tibete. Se continuar assim, o budismo pode degenerar para uma religião de crenças cegas. A educação budista precisa de até dezoito anos. Aqueles que não estudam com afinco nossos ensinamentos estão apenas repetindo palavras como papagaios, sem uma compreensão verdadeira do seu significado. O maior problema é encontrar um professor. Já existem mais monges tibetanos treinados vivendo no exílio do que no próprio Tibete. Como resultado, os mosteiros de lá muitas vezes me pedem para enviar-lhes professores bem treinados. Os poucos que ainda estão lá hoje já têm entre setenta e oitenta anos de idade.

Um povo sofredor

Como o senhor avalia a situação no Tibete hoje? Os chineses dizem que eles libertaram mais de mil tibetanos das prisões desde 1987 e que ninguém foi executado.

Isso é difícil de acreditar. Documentos mostram que houve pelo menos três ou quatro execuções públicas durante esse período, que muitas pessoas desapareceram sem deixar rastros e que milhares sofreram abusos nas prisões. Eles estão usando métodos cruéis de tortura, como tirar sangue dos prisioneiros até que morrem. Graças ao engajamento de muitos amigos do Tibete, estamos bem informados sobre as inimaginavelmente cruéis violações dos direitos humanos.

A existência do povo tibetano está em perigo por conta de uma política intencional de reassentamento mudando os chineses da etnia han para o Tibete. Mesmo hoje, os tibetanos são uma minoria em seu próprio país. Leis inescrupulosas não encontram obstáculos nas esterilizações nem nos abortos forçados, feitos até mesmo no nono mês de gravidez. Nas últimas décadas, um milhão de tibetanos perderam suas vidas. Mais de seiscentos mosteiros foram sistematicamente destruídos. Centenas de monges e monjas foram retirados de seus retiros espirituais. O mundo animal e o mundo vegetal foram gravemente danificados, e o meio ambiente está ameaçado por conta do lixo nuclear.

Logo eles também vão pensar como os chineses da etnia han

Então a situação dos direitos humanos no Tibete é crítica?

A situação é alarmante, sobretudo por causa do grande número de chineses da etnia han que estão sendo deslocados para o Tibete. Em consequência disso, cada vez mais tibetanos estão perdendo seus empregos, vivendo na pobreza e tendo, contra a sua vontade, de ser apoiados pelo Estado. Isso obviamente leva a grandes tensões. A liderança chinesa interpreta até mesmo a menor das expressões de vexação como resistência política. As pessoas são então presas e sofrem abusos, o que quase sempre resulta em graves violações dos direitos humanos.

Nas cidades onde vivem muitos chineses, os tibetanos são forçados a falar chinês. Logo, eles também irão mudar seus padrões de comportamento e seu jeito de pensar. Por conta da forte influência dos chineses, a cultura tibetana está em perigo. Vejo como minha tarefa mais importante proteger os tibetanos desse "futuro chinês".

A conexão com Pequim

Existe um contato direto entre o Dalai Lama e o governo em Pequim?

Sim, houve. Houve um contato direto entre o governo tibetano no exílio e os chineses no ano de 1979. Naquela época, Deng Xiaoping fez o governo chinês me informar que poderíamos discutir qualquer coisa exceto a independência completa. Além disso, os chineses também viviam em sistemas políticos diferentes em Hong Kong e Taiwan. Levando isso tudo em conta, por quatorze anos tentei encontrar uma solução para a questão tibetana. Eu nunca falei de uma independência completa, mas considerava a ideia de um país com dois sistemas como base de minhas sugestões.

À época, podíamos enviar três delegações ao Tibete para estudar a situação lá. Em seguida, pudemos falar com líderes chineses em Pequim sobre a questão tibetana e sua solução. Rapidamente compreendemos, entretanto, que a questão do Tibete não existe para o lado chinês. Eles nos disseram que há um único problema, que é o fato de o Dalai Lama viver fora do Tibete. De acordo com eles, a pessoas estavam vivendo bem no Tibete, e os tibetanos viviam felizes sob a liderança chinesa.

Nós, é claro, apontamos que a verdade era o oposto e dissemos aos chineses que uma solução para o Tibete não seria apenas de interesse dos tibetanos, mas também beneficiaria os chineses. Por isso, é importante examinar os fatos, o que realmente está acontecendo no Tibete. Em 1987, descrevi como a questão do Tibete poderi ser resolvida de acordo com um plano de paz com cinco itens. Em 1988, sugeri diante do Parlamento Europeu, em Estrasburgo, que o Tibete deveria se tornar uma entidade democrática governada independentemente, mas que a China deveria continuar responsável pela política externa. Essas concessões extensivas aos governantes chineses me renderam muitas críticas por parte dos tibetanos. Mesmo assim, até hoje não houve absolutamente qualquer reação por parte do lado chinês. Por conta do silêncio deles, retirei minha oferta. Porém, ainda estou determinado a continuar meus esforços.

Sanções

Como os outros governos deveriam se comportar em relação à China a fim de ajudar a causa do Tibete? O senhor considera, por exemplo, que sanções sejam um meio adequado?

Por ser o país mais populoso do mundo, a China não deveria ser excluída da política mundial. Em vez disso, ela deveria ser integrada ainda mais na corrente da política internacional. Mas, ao mesmo tempo, outros países deveriam expressar claramente aos nossos amigos chineses que eles estão se comportando de modo errado. Eles deveriam sobretudo ser condenados por violações dos direitos humanos. Por isso fui contra a realização dos Jogos Olímpicos em Pequim. Parece-me que a política em relação à antiga União Soviética foi muito sábia nesse aspecto. De um lado, uma adesão clara e inflexível à questão dos direitos humanos foi necessária. Mas, ao mesmo tempo, houve negociações constantes com os soviéticos a fim de melhorar as relações. Mas, quando as palavras resolvem pouco, sanções econômicas deveriam ser consideradas como um meio de exercer pressão.

Quando o assunto é justiça

Existem semelhanças entre o marxismo e o budismo?

Eu me sinto definitivamente conectado às ideias socialistas de justiça e fraternidade no mundo em virtude dos ensinamentos budistas, porque o sistema capitalista tem seus aspectos sombrios. Não gosto sobretudo do crescente abismo entre ricos e pobres.

Uma cerimônia fúnebre para as vítimas da Praça da Paz Celestial

Há chineses que se interessam pelo budismo?

O budismo tibetano parece estar alcançando um interesse crescente por parte dos jovens chineses, especialmente os intelectuais. Como a confusão ideológica predomina atualmente, não apenas na China, mas também no restante da Ásia, nossa religião poderia dar apoio a muitas pessoas. Embora o marxismo permaneça a única ideologia sancionada oficialmente na China, são poucos os que ainda acreditam nele. Quando o dinheiro se torna o valor mais alto, então existe o perigo de apatia e cinismo em relação aos valores da vida. Especialmente nessa situação, o budismo pode ajudar as pessoas a encontrar paz de espírito. Em 1989, defendi a celebração de uma *puja*, uma cerimônia fúnebre, para as vítimas do massacre da Praça da Paz Celestial. Como resultado disso, o interesse pela causa do Tibete acabou crescendo entre os chineses. Desde então, também mantemos contato com vários movimentos em prol da democracia na China.

O Panchen Lama

O senhor também não tentou recentemente conversar com os chineses sobre a reencarnação do Panchen Lama, que morreu em 1989?

O governo no exílio abordou o embaixador chinês em Nova Déli com um pedido de ajuda para procurar pela reencarnação do Panchen Lama, o segundo maior dignitário religioso dos tibetanos. Considero que seja uma responsabilidade moral especial envolver-se na busca dessa reencarnação porque o antigo Panchen Lama engajou-se profundamente na procura do Dalai Lama prévio. Sugeri ao embaixador que monges tibetanos qualificados fossem ao Tibete procurar pela reencarnação lá. Após três meses recebi uma resposta negativa dos chineses. Eles diziam que, enquanto o Dalai Lama estivesse vivendo fora do Tibete, ele não poderia se envolver em questões internas da China.*

O governo no exílio

Existe um governo no exílio fora do Tibete dedicado aos interesses do país?

Sim, em Dharamsala, na Índia, onde vivo atualmente. Ainda não temos partidos políticos de verdade, mas há esforços para estabelecê-los. O governo no exílio consiste de delegados eleitos pela comunidade de exilados.

---

* Há algum tempo, parece que um acordo começou a ser feito nesse sentido. (N.A.)

POLÍTICA E RELIGIÃO

Sobretudo os políticos precisam de religião

Sua Santidade, o senhor diz que a religião tem um papel importante na conquista e na manutenção da paz no mundo. Que papel a religião pode ter em um mundo que está completamente sob os ditames do poder político?

Considero muito importante que a religião tenha uma influência na política. Os políticos precisam de religião muito mais do que as pessoas devotas que se retiraram do mundo. Há um aumento constante do número de escândalos na política e nos negócios que advêm da falta de autodisciplina da parte dos implicados. Na Índia, o ministro-presidente de Bengala do Ocidente disse-me uma vez, com uma atitude que ele considerava humilde, que ele era um político, e não um religioso. Respondi: os políticos precisam de religião mais do que qualquer outra pessoa.

Quando os eremitas são más pessoas em sua solidão o resultado é que fazem mal apenas a si mesmos e a ninguém mais. Mas quando pessoas tão influentes como os políticos têm muitas más intenções, eles podem levar o infortúnio a muitos. Por isso a religião, como um trabalho contínuo de maturidade interior, é importante para as lideranças políticas.

Um político deve ter princípios morais. Estou convencido disso. Vistas sob essa perspectiva, a política e a re ligião são muito semelhantes. Nos Estados Unidos, a Igreja e o Estado podem ser separados, mas quando o presidente toma posse, ele presta um juramento em nome de Deus com sua mão sobre a Bíblia. Isso significa que Deus deve ser testemunha de que o presidente irá conscientemente cumprir com seus deveres oficiais.

Conceitos nobres para a humanidade

Em todo o mundo, há um aumento do número de escândalos envolvendo políticos corruptos. A sordidez da política não deveria manter os religiosos afastados?

Sei que para algumas pessoas a palavra "política" se tornou sinônimo de imoralidade. Elas pensam que é melhor evitar a política. A política sem ética prejudica qualquer sociedade, e a vida sem moral é a decadência de todo ser humano. Mas a política não é intrinsecamente "suja", ainda que muitos políticos tenham abusado de ideais e conceitos nobres criados para servir ao bem-estar da humanidade.

Muitos fiéis pensam que a religião e a política têm pouca relação entre si. Eles consideram que a intervenção de teólogos ou líderes religiosos na política é inapropriada. Mas isso é uma perspectiva enviesada. Hoje, mais do que nunca, a ética deve ter um papel importante na política. Como sabemos, pode ser muito perigoso quando a política desrespeita princípios morais. Ao mesmo tempo, não é tão importante se acreditamos em Deus ou no carma. A ética é o fundamento de toda religião. É importante que as pessoas religiosas não se afastem do mundo e da sociedade onde vivem. Não podemos ajudar os outros nos afastando do mundo. E servir aos outros é a base de toda religião. O extermínio dos tibetanos pelo comunismo chinês não significaria apenas o fim de um povo, mas também o fim de uma cultura altamente desenvolvida. O mundo inteiro tem responsabilidade pela preservação da cultura tibetana.

Análise

Quando o pássaro de ferro voa

Desde a década de 70, centenas de milhares, quem sabe até milhões de europeus e americanos vêm descobrindo o budismo tibetano e seu modo de viver holístico. Alguns se fascinam pelas suas análises lógicas, outros, por seus rituais esplêndidos ou meditação rigorosa. Nessa antiga religião, tudo isso se mistura numa síntese que luta para mostrar um Caminho Intermediário para todos os setores da vida. Em 1950, o mundo testemunhou quando os chineses marcharam para o Tibete, que então era independente desde 1911. Também testemunhou quando o Dalai Lama e muitos altos lamas fugiram em 1959. Como consequência, estabeleceram-se vários centros tibetanos no Ocidente. Por conta das viagens do Dalai Lama à Europa e aos Estados Unidos, o interesse pelo budismo tibetano e suas várias escolas tem crescido continuamente.

Muitas pessoas acreditam que esses desdobramentos cumpriram as palavras proféticas do estudioso indiano Padmasambhava, do século VIII, que levou o budismo ao Tibete: "Quando o pássaro de ferro voar e os cavalos rolarem sobre rodas, o povo tibetano se espalhará pelo mundo como formigas, e o darma (os ensinamentos budistas) irão para a terra do homem vermelho".

Alerta, sereno e criativo

O budismo tem algo a dizer a todos nós, sobretudo porque ele é baseado na experiência. Ele envolve a vida de todos os seres no aqui e agora, assim como sua relação mútua com tudo aquilo que existe. Ou a crescente interdependência entre todas coisas, como diríamos hoje em dia. Quem quiser entender a ideologia budista fundamental não precisa ter qualquer conhecimento teórico complicado no começo. O ponto de partida é a conclusão, acessível a qualquer ser humano que pensa e busca respostas, de que a vida e todos os fenômenos são relativos e passageiros.

Visto que os seres humanos não querem se submeter a essa lei de efemeridade e querem se apegar a tudo na Terra, eles têm uma vida cada vez mais triste. Todo apego ao que existe, às coisas, torna-se uma desilusão que cria todo o sofrimento. Consequentemente, os budistas acreditam que tudo aquilo que consideramos importante e queremos adquirir, incluindo nossas preocupações, nossos medos e nossas esperanças, e até nós mesmos, não passa de ilusão.

Somos apenas visitantes aqui na Terra, diz o Dalai Lama. Vivemos nossas experiências e depois partimos. Mas, por termos vindo a essa existência em particular, devemos tirar o melhor dela. Esse é o caminho que o Buda quer nos mostrar. Devemos lutar por um equilíbrio entre a serenidade interior e a criação ativa de nosso mundo. Nossa mente inquieta, que é constantemente agitada por pensamentos e sentimentos, precisa se acalmar. Os budistas lutam por um equilíbrio que nos remete a uma famosa oração cristã: "Deus me deu a serenidade para aceitar as coisas que não posso mudar; a coragem para mudar as coisas que posso; e a sabedoria para saber a diferença" (Friedrich Christopher Oetinger).

O budismo tem várias faces

Este livro obviamente não traz uma análise profunda do budismo, mas ele inclui uma breve descrição deste mundo que pode parecer estranho e complexo para muitas pessoas, um esboço a partir das perspectivas do autor. "Pouquíssimas pessoas podem entender completamente os ensinamentos do Buda. Mas ajuda muito quando eles entendem um pouco", diz o pesquisador do budismo Heinz Bechert. Durante 25 séculos, o budismo se espalhou e se estabeleceu em trinta países asiáticos com grandes diferenças culturais.

Hoje, há termos budistas em mais de vinte línguas. Daí que há muitas dificuldades linguísticas e conceituais que tornam mais difícil para europeus e americanos entenderem essa religião misteriosa. E termos como "religião", "libertação", "ser humano", "eu", "alma", "morte" e "renascimento" podem evocar conceitos completamente diferentes, entre nós, daqueles da antiga cultura indiana em que o budismo se desenvolveu. Levaria várias vidas para estudar toda a literatura budista. Muitas das milhares de escrituras têm mais páginas do que a Bíblia. Para se ter uma ideia, a "biblioteca" para os cristãos – o Velho e o Novo Testamentos – consiste de 73 livros para os católicos e 66 para os protestantes.

Diferentes veículos para o nirvana

Hoje, o budismo é considerado a quarta maior religião do mundo. As estimativas de seus seguidores flutuam entre 150 milhões e 500 milhões de pessoas. É difícil determinar números exatos porque é possível ser budista e também pertencer a outra religião. Até 1993, o Almanaque Alemão de Estatística registrava que havia 309,1 milhões de budistas (5,7 % da população da Terra) em todo o mundo. Desses, 307,3 milhões viviam na Ásia (9,7% da população asiática). A China abrigava 67 milhões de budistas (5,8% da população chinesa). Na Europa, havia cerca de 271 mil budistas e, nas áreas pertencentes à antiga União Soviética, 404 mil. Havia cerca de 1,1 milhão nos Estados Unidos; 25 mil na Austrália e na Nova Zelândia; e 20 mil na África.

Os budistas consideram que seus ensinamentos são como um veículo para o nirvana. Por isso as várias escolas são chamadas de a Menor, a Maior, e o Veículo de Diamante – Hinayana, Mahayana e Vajrayana. A escola mais antiga, Hinayana (também chamada de Theravada), hoje é encontrada principalmente no Sri Lanka, na Tailândia, em Burma e no Camboja. O budismo Mahayana, que surgiu por volta do ano 1000, prevalece na China, no Japão, no Vietnã e na Coreia. A escola Vajrayana pode ser encontrada no Tibete, na Mongólia e no Japão.

Entre o hinduísmo e a modernidade

Pontos essenciais dos ensinamentos budistas são baseados nas ideias religiosas e filosóficas do antigo hinduísmo. Isso vale para o ciclo contínuo de existências e para os ensinamentos acerca do carma, segundo os quais boas e más ações têm um efeito nas futuras reencarnações. A vida monástica também teve origem antes do período budista. A comunidade budista no sentido mais restrito, chamada de *sangha*, é composta dos monges (*bhikshu*) e das monjas (*bhikshuni*). O Buda supostamente tinha dúvidas acerca de uma ordem de monjas porque se preocupava com a conduta da ordem. Por muito tempo, as monjas tiveram de seguir regras mais rigorosas do que os monges e eram subordinadas a eles. Hoje, sobretudo na tradição Mahayana, monges e monjas são iguais. No sentido mais restrito, os leigos também pertencem à comunidade budista.

O encadeamento de conceitos, que é típico do budismo e é chamado de Samkhya, também existia antes do tempo do Buda. É de fato o mais antigo sistema completo de pensamento ainda existente. Nesse processo, um conceito é determinado pela listagem de seus componentes. Isso cria cadeias de conceitos como os "credos budistas" e as Quatro Verdades Nobres, que são mencionadas adiante. Outras práticas como a ascese e a ioga também eram conhecidas durante meados do século VI no norte da Índia.

O Dalai Lama não é um papa budista

A palavra "budismo" tem sido usada em estudos científicos modernos da religião como um termo geral que descreve várias correntes. Mas o conjunto de movimentos e escolas não tem um líder. Não há um "papa budista". Entretanto, isso não contraria o fato de que o Dalai Lama, com sua natureza humanitária, altruísmo e clareza de pensamento, incorpora o budismo e a figura do Buda como ninguém mais no Ocidente.

O termo "budismo" vem da palavra "Buda" – o "que despertou" – um título honorífico para o fundador da religião, o príncipe Siddharta Gautama. Ele viveu no século V a.C. (cerca de 560 a 480 a.C.), no que hoje é a fronteira da Índia com o Nepal. Como ele era da tribo sakya, ele também é chamado de Buda Sakyamuni (o Homem Sábio da Tribo de Sakya). De acordo com a tradição, ele despertou com seu "próprio poder", da noite de ilusão para a realização da luz. Ele superou o ódio, a ambição e a cegueira e é adorado como um homem Desperto, porém mortal. Segundo suas próprias declarações, ele não foi o primeiro Buda, e outros tantos budas viriam depois dele. Diferentemente de Jesus Cristo, Gautama viu seu papel como o de um guia, e não de um salvador.

De certo modo, o budismo tem uma posição especial dentre as religiões. Ela é a mais antiga religião com uma perspectiva universal. Como mencionado anteriormente, ela não reconhece um deus como criador do mundo. O universo e a ordem moral mundial existem desde tempos imemoriais. Por isso algumas pessoas no Ocidente chamaram o budismo de "religião ateísta". Entretanto, em uma fase posterior, o Buda foi adorado como divino, embora se alegue que ele rejeitava esse estatuto. O amidismo no Japão, com sua completa devoção ao Buda Amida, aproxima-se muito do monoteísmo nesse aspecto.

Todos os seres podem ser libertados

Como em nenhuma outra religião, os ensinamentos do budismo enfatizam a efemeridade. Por isso, algumas pessoas falaram por muito tempo na Europa de um "budismo pessimista" e usaram a afirmação europeia da existência para se opor a ele, como se ele fosse um movimento de negação do mundo. Mas essa perspectiva um tanto limitada foi substituída por conclusões mais profundas. Os budistas não vivem em negação, mas apontam para um caminho de libertação sobre o qual todos seres podem superar o triste "ciclo das existências", chamado de samsara. O objetivo budista é libertar todos os seres do sofrimento e ajudá-los a alcançar a libertação do nirvana (a suspensão ou cessação), terminando assim a cadeia de renascimentos.

Os seres humanos não são conscientes de que a vida que buscam traz o retorno incessante do sofrimento, da dor, da decepção, da perda, da velhice e da morte. As pessoas que têm tal consciência não mais "juntam" seu desejo aos prazeres, mas lutam constantemente para fazer o que é certo. Nem as experiências nem o fato de estar vivo são mais importantes do que o *modo* como se vive. A libertação do sofrimento em todas suas formas, o nirvana, resulta dessa mudança na orientação da vontade.

Do samsara ao nirvana

O budista, então, luta para mover-se do ciclo de existência, ou samsara, para o nirvana. O que o nirvana realmente significa só pode ser descoberto através da intuição, da experiência e da contemplação – como todos os ensinamentos indianos de sabedoria –, e não apenas por meio da teoria.

Em algumas escrituras, o nirvana é visto como um estado de júbilo que ocorre parcialmente neste mundo e parcialmente além deste mundo. No budismo Mahayana, o nirvana é também entendido como um estado jubiloso, um estado de unidade com o Absoluto, que ocorre após a purificação dos conceitos e desejos falsos. Todo ser tem em si o potencial para se tornar um Buda e alcançar a iluminação perfeita por meio de seus próprios esforços.

É certo que se mostra um caminho para a libertação, mas não há um salvador. Os seres humanos continuam a depender de si mesmos. Entretanto, o "Grande Veículo", com seus bodisatvas, seus seres de iluminação que também incluem o Dalai Lama, parece intermediar esse processo.

É por isso que os bodisatvas fazem o juramento de absorver o sofrimento de todos os seres por meio da ajuda ativa e da transferência de seus próprios méritos cármicos para os outros. Aqui, o Buda e o Absoluto são um só. Ele se manifesta em nosso mundo a fim de poder trabalhar para o bem-estar de todos os seres.

As "Três Joias"

A meditação, assim como o conhecimento e a análise das escrituras budistas, é importante para o caminho da libertação. A fim de progredir nesse caminho, os budistas se refugiam com seus corações nas "Três Joias" (Tiratna): em Buda, o mestre; em darma, os ensinamentos; e em *sangha*, a comunidade de companheiros do caminho. "Como alguém que revela o que foi velado, que mostra o caminho à pessoa perdida, ou que traz luz à escuridão de modo que é possível ver, é assim que O Desperto revelou seus ensinamentos. 'Senhor, eu me refugio no Desperto, eu me refugio nos ensinamentos, eu me refugio na comunidade de monges', é como está escrito no antigo texto" (A. D. Khoury).

As várias formas de meditação e desenvolvimento espiritual que são importantes para o budismo têm o objetivo de dissolver nossa "falsa consciência do eu". Elas podem ser adaptadas às possibilidades de cada pessoa. Há uma distinção entre uma meditação analítica e uma meditação de aprofundamento. Nos métodos analíticos, nós nos concentramos em nosso próprio eu. Com atenção, devemos ficar conscientes de coisas óbvias como nossa respiração e nosso caminhar. Essa meditação pode ser praticada durante as atividades do dia a dia. Por meio da observação, podemos aprender a pensar mais claramente e agir com mais consciência.

Após ter acalmado a mente, esperamos ter um *insight* mais profundo da natureza efêmera e intrínseca da vida. Na prática da meditação de aprofundamento, a mente é direcionada a um único objeto a fim de se fundir com ele. O eu, o sujeito, deve tornar-se um com o objeto de meditação. Há vários outros estados de contemplação que podem ser alcançados por meio de exercícios especiais.

Uma ética que também inclui os animais

O budismo tem, acima de tudo, um aspecto moral com exigências altamente éticas. O que é importante aqui é o comportamento adequado. Por conta de seus padrões radicais, no começo, tratava-se de um caminho de libertação apenas para poucos. Mais tarde, evoluiu para um ensinamento de libertação para as massas. O coração da ética do budismo é a exigência de não fazer mal a ninguém, seja com pensamentos, palavras ou ações. Parte-se do princípio de que todos os seres vivos, até mesmo as mais inferiores espécies de animais, querem ser felizes e não querem sofrer. Um dos primeiros europeus que realmente fez um esforço para entender o budismo foi Arthur Schopenhauer. Ele considerava a ética budista superior à dos cristãos porque ela incluía os animais.

As ações morais são orientadas de acordo com cinco obrigações básicas:

1. Seres vivos não podem ser mortos.
2. Não podemos tomar para nós nada que não nos seja dado voluntariamente.
3. Devemos ter controle dos desejos de nossos sentidos.
4. Não devemos mentir.
5. Não devemos consumir bebidas tóxicas.

Além dessas, os monges devem respeitar 253 regras especiais. Para o budismo, a existência humana é um degrau no caminho da libertação. A vida humana é tanto uma missão quanto uma oportunidade de provar que merecemos nos tornar seres purificados por meio da bondade, *maitiri*, e da compaixão ativa, *karuna*.

Nada de "guerra santa"

O observador do Ocidente surpreende-se repetidas vezes com a tolerância com que o budismo se depara com outras filosofias e religiões. Não há exclusão. É possível ser budista e pertencer a outra comunidade religiosa ao mesmo tempo. Por exemplo: exercícios espirituais específicos não são considerados elementos da religião e podem ser adaptados a várias culturas. Entretanto, o ideal humano geral de perfeição moral é obrigatório para todos. Os ensinamentos do Buda estão disponíveis para todos, mas não devem ser impostos a ninguém. Por muitos séculos os monges eram os únicos que podiam escrever os textos, se fossem expressamente requisitados a fazê-lo.

Para a cultura cristã, o mandamento "não matarás" está em primeiro plano. O budismo vai além e proclama: você não pode fazer mal a outros seres. *Ahimsa*, o princípio de "não violência", também inclui os animais. Diferentemente de muitas religiões, o budismo quase sempre se propagou sem derramamento de sangue e tornou-se um movimento de paz. Mas não permaneceu sendo uma religião completamente "imaculada". Até mesmo no budismo houve guerras sangrentas e atos violentos no curso de sua longa história. Entretanto, nunca houve fanatismo religioso. O conceito de uma "guerra santa" é estranho aos seguidores de Buda.

Uma religião do bom senso

Também é possível entender os ensinamentos budistas como um método de cura psicológica, comparável à psicoterapia, que nos ensina como podemos dominar forças destrutivas como a raiva, a inveja e a ambição. Os seres humanos parecem ser um amontoado de diferentes qualidades e processos psicológicos. Devemos examinar com atenção nossas qualidades e estar conscientes de nossas experiências a fim de reconhecer o que realmente sentimos e pensamos. Ao mesmo tempo, a personalidade dos seres humanos não é vista como um conjunto unificado. De acordo com esses ensinamentos, o núcleo da consciência é composto de vários elementos, os cinco tipos de agregados, ou *skandhas*: corpo, sensações, percepções, forças instintivas e consciência.

Essas forças interiores transmitem a falsa ideia de uma consciência do eu. O problema básico dos distúrbios emocionais reside na falsa ideia de identidade. Essa cegueira do eu deve ser abolida por meio do autoestudo. O budismo considera a ideia de uma alma eterna ou eu uma ilusão, uma ignorância fundamental, que deve ser superada. O objetivo não é a autorrealização, mas a abnegação, como enfatiza Gonsar Rinpoche. Aqui não há linhas definidas entre terapia e religião.

No budismo, não se atribui às circunstâncias externas um mau comportamento. Como na psicanálise, supõe-se que nossas relações com o mundo exterior são fortemente determinadas por projeções.

A dupla face da religião e da filosofia

Volta e meia ressurge a dúvida quanto ao budismo ser um sistema filosófico ou uma religião. Na verdade, ele tem uma dupla face. De um lado, há interpretações filosóficas, até mesmo quando cada descoberta, que não se relaciona diretamente com a libertação, é vista como uma curiosidade supérflua. O budismo não provê respostas a questões metafísicas. O outro lado é a expressão de uma forma religiosa de vida, portadora de uma cultura e fundamento para uma ética radical.

A filosofia e a religião não são entendidas como antagônicas. Elas se fundem em uma unidade no pensamento e nas ações budistas. O budismo sempre se baseia em experiências concretas e é uma religião do senso comum de diversas maneiras. Há vários relatos de como o próprio Buda convocava as pessoas para examinar com sensatez seus próprios ensinamentos. Os modos de pensar e de se comportar que ele demonstrava são baseados em uma análise precisa do mundo. O Dalai Lama apoia a ideia de que o conhecimento é até mais importante do que a crença em sua religião. A grande diferença em comparação com o cristianismo é provavelmente que o Buda não exige uma profissão de fé.

Buda e os pensadores gregos

O Buda Sakyamuni é um dos grandes pensadores d humanidade. Seus ensinamentos coincidem em algun pontos com a filosofia grega em seus primórdios. D modo análogo a Buda, Parmênides (nascido em 540 a.C. disse: "Pensar e ser são a mesma coisa". A distinção feit por Alcmaeon de Crotona (nascido em 520 a.C.), um médico grego, entre a percepção sensorial transitória e o pensamento como um caminho para a verdade também remete a ele. Com Buda, o diálogo foi tido pela primeira vez como forma de ensinamento, a conversação entre um "eu" e um "você". Ele começou sua instrução respondendo perguntas de seus alunos. Aí também se pode se ver um paralelo com Sócrates (nascido por volta de 470 a.C.). Ele tentou levar pessoas de todas as classes a pensar de forma independente por meio de um diálogo filosófico, a fim de levá-los ao caminho da verdade e da virtude.

O famoso teólogo católico Romano Guardini vê o Buda Sakyamuni como um desafio ao pensamento cristão: "Há uma única pessoa que poderia inspirar pensamentos que se aproximam daqueles de Jesus: Buda. Esse homem é um grande mistério. Ele se encontra numa liberdade assustadora, quase sobre-humana. Ao mesmo tempo, ele tem uma bondade tão poderosa quanto uma força telúrica. Talvez Buda venha a ser o último com quem o cristianismo terá de se confrontar. Suas observações profundas da realidade têm influenciado há muito tempo toda a história do espírito."

Para o Buda Sakyamuni, as questões centrais eram as seguintes: por que todos os seres humanos estão presos num ciclo de existência, samsara? Por que eles têm de vagar através desse triste ciclo de renascimentos incontáveis vezes? Como eles podem ser libertar? Esse ciclo de existência acontece de acordo com uma causalidade rigorosa sob a perspectiva budista, segundo uma lei de causa e efeito: (1) Da ignorância surgem (2) forças instintivas que criam o carma e das quais vêm (3) a consciência e depois (4) o nome e a forma física (o indivíduo). É assim que (5) os sentidos se desenvolvem e, com eles, (6) o contato (percepções sensoriais) com o mundo exterior. Das (7) sensações, (8) surge a sede (avidez) e, dela, (9) a inclinação à vida. Isso resulta no (10) desenvolvimento cármico e, com ele, (11) um novo nascimento e (12) de novo o envelhecimento e a morte.

O famoso estudioso de religiões Helmuth von Glasenapp chamava o conceito de ciclo da vida de "um antigo fragmento de filosofia, que carrega totalmente o selo de um modo de pensar arcaico". Tudo o que existe está encadeado. Não existe diferenciação entre causas materiais ou de outra espécie. E, no entanto, os conceitos de Buda também nos remetem à moderna perspectiva holística do mundo.

O Buda Sakyamuni chegou à conclusão de que nem os seres humanos nem o mundo têm uma existência sólida. Toda a vida consiste de manifestações compostas interligadas entre si. Ele não reconhecia a existência de átomos materiais que não perecem. Os componentes supremos, de que toda a existência é composta, têm o nome de darma. Nessa visão de mundo, agrupam-se as coisas que hoje certamente dividiríamos em várias categorias: seres como os animais, os humanos, os espíritos e até os deuses; os elementos como água, fogo, terra e ar; sons, sentidos, sensações, consciência e efemeridade, assim como ódio, avidez, fama e beleza.

Somente o momento é "real"

Darma, as menores partículas, manifestam-se apenas por um curto período e perecem novamente. A lei cósmica do mundo, que também é chamada de darma, manifesta-se nelas. Todo o mundo está sujeito a essa ordem. A lei do darma também controla os renascimentos cármicos. Ela inclui absolutamente tudo. Buda não ofereceu explicação de como surgiu o darma. Ele não acreditava que a especulações metafísicas além do conhecimento fossem importantes. Ele tampouco acreditava num Deus Criador que fez tudo. O universo existia desde tempos imemoriais. É um contínuo de efemeridades. Todo o ser flui, mudando constantemente. Vem a existir e depois passa. A vida é efêmera, instável e não inerente. É o *anatman* (a inexistência do eu).

Essa visão também afeta o tempo. Somente o momento é real. O tempo não flui do passado para o presente para o futuro, como pensamos. Em vez disso, cada um dos momentos individuais acontece em seguida a outro num piscar de olhos, como o ponteiro dos segundos de um relógio. Uma metáfora para isso é o modo como uma série ininterrupta de quadros num filme nos dá a ilusão de ver uma relação entre eles. Os exercícios de meditação zen são concentrados completamente na "presença do ser". A essência filosófica do budismo é a de que toda a vida se deve a uma "origem dependente".

O carma sobrevive à morte

Não há espaço nem para a alma nem para o eu nessa visão de mundo. Como já foi mencionado, a alma é uma soma de fatores espirituais. Eles se manifestam numa moldura física e se fundem em um novo indivíduo. Eles são criados por meio da lei do carma e sobrevivem à morte física. O conceito de carma é crucial para os ensinamentos budistas. As forças cármicas são comparadas a pequenas sementes de fícus religiosas de onde cresce uma árvore gigante. Toda ação produz um "fruto", *phala*, que recai sobre a pessoa responsável. Essa imagem é comparável ao nosso conceito da maldição da má ação, presente em ditados como "você colhe o que planta" ou "quem planta vento colhe tempestade".

O efeito do carma pode se estender ao longo de várias existências. O fator decisivo aqui é intenção por detrás da ação, o que também é o aspecto menos evidente. A mente humana cria seu próprio carma. Ações benéficas produzem alegria e felicidade, e as prejudiciais resultam em problemas e sofrimento. Ações boas e más criam nosso legado, que então se torna a base para a nova vida.

A reencarnação significa que a pessoa morta e a recém-nascida, através das quais as forças cármicas continuam a agir, são na verdade dois seres diferentes. Eles são conectados somente pela "sede de vida" que busca um novo ventre em vez de abrir mão de tudo na morte. É a força que seleciona as circunstâncias e condições da nova vida e que cria a forma da reencarnação.

Essas forças cármicas determinam se a próxima existência gozará das amenidades de uma existência humana ou divina, ou se será reencarnada nos mundos inferiores.

Sobre a verdade dupla

A escola de Madhyamika tem sido de grande importância para o budismo Mahayana e tem suas origens no filósofo indiano Nagarjuna, nos séculos II e III.

No Caminho Intermediário, temos de evitar quaisquer desvios para a direita ou para a esquerda e nos afastarmo de todos os opostos aparentemente irreconciliáveis.

Com sua "lógica da negação", Nagarjuna queria penetrar na ignorância passo a passo com seu "Caminho das Oito Negações". Ele tentou refutar dialeticamente opiniões contrárias. Para Nagarjuna, todas as coisas existem somente através de seu oposto. Por isso elas são relativas vazias e não inerentes. Em seus "Ensinamentos da Verdade Dupla", Nagarjuna distinguiu entre uma verdade "menor e uma "maior". Uma declaração pode parecer inicialmente verdadeira, a partir de uma primeira e limitada perspectiva, mas pode tornar-se somente parcialmente verdadeira ou até mesmo errada a partir de uma visão posterior e superior. A = verdade comum, B = verdade superior; essa se torna, de uma perspectiva superior, AB = verdade inferior, C = verdade superior. O par de opostos pode, por sua vez, se tornar uma verdade inferior a partir de uma perspectiva superior. Desse modo, alcançamos uma visão cada vez mais abrangente da verdade. É assim que podemos encarar a visão de mundo da física moderna, em comparação com os conceitos newtonianos, como uma visão mais abrangente do mundo e uma "verdade superior" no sentido budista.

Uma afirmação pode ser vista como verdadeira a curto prazo, mas parecer uma inverdade a longo prazo. A verdade, no mais alto sentido, é livre de multiplicidade. E todos os opostos são suspensos. Ela existe além do sim e do não, além de qualquer afirmação tangível, e é idêntica ao completo vazio. Esse vazio, *shunyata*, tem dois aspectos. De um lado, significa o vazio de um "eu"; do outro, significa ser libertado. Uma vez que se tenha compreendido este vazio, somos libertados de tudo.

Somente quando a mente se situa acima de todas as coisas é que ela está purificada de toda afirmação ou negação. De certo modo, o Caminho do Meio nos prega uma peça. Mesmo que nada exista, vivemos com muito empenho. De dentro para fora, aceitamos o mundo com seu sofrimento como se ele realmente existisse, mesmo que tenhamos vivenciado seu vazio. Como resultado, nós nos comprometemos com as regras de moralidade e queremos nos ajudar e aos outros a progredir no caminho da libertação por compaixão. O Dalai Lama expressou isso do seguinte modo: "As coisas basicamente não existem, mas já que viemos a existir devemos fazer o melhor que pudermos".

Um príncipe se torna um sem-teto

Como no cristianismo e no islamismo, o budismo também tem um fundador histórico, Buda Gautama Siddharta, como já exposto. O pai do Buda histórico foi Suddhodana e sua mãe, Maya. Ambos são da casta de guerreiros Sakya. Gautama nasceu em 566 ou 563 a.C. e recebeu o nome de Siddharta (aquele que alcançou seu objetivo). Sua mãe morreu várias semanas depois de seu nascimento, e Gautama foi criado por sua irmã Mahaprajapati. Visto que Suddhodana era o regente eleito da República de Sakya, havia a lenda de que Gautama teve uma vida luxuosa de príncipe. Entretanto, estudiosos do budismo acreditam que até mesmo o jovem Buda gostava de estudar e era consciente de suas responsabilidades (Volker Zotz). A efemeridade de todas as coisas tornou-se uma noção cada vez mais dominante para ele.

A lenda dessa evolução interna se entrelaçou a uma série de experiências externas. Durante quatro passeios consecutivos, Siddharta encontrou uma divindade em várias formas: como um homem frágil e trêmulo, como um doente tremendo de febre, como um corpo em decomposição e, finalmente, como um viajante sem-teto ascético. A expressão facial ascética e serena mostrou que ele havia sido elevado acima da miséria da efemeridade.

Aos dezesseis anos, Gautama casou-se com Yashodhara. Depois do nascimento de seu filho, Rahula, ele deixou sua família e escolheu ser "sem-teto" aos 29 anos. Primeiro, ele se juntou a vários mestres ascéticos. Daí ele tentou alcançar a libertação da existência triste, samsara, em total solidão, por meio de um rigoroso jejum e perigosos exercícios respiratórios.

Após passar seis anos em tentativas vãs, ele chega à conclusão de que não alcançaria seu objetivo dessa forma. Ele pôs termo a sua vida de privação e se voltou para a meditação. Gautama restabeleceu-se às margens do Nairanjana. Lá, na área ao redor do vilarejo que hoje é conhecido como Bodh-Gaya, no estado indiano de Bihar, ele se sentou sob uma figueira, às vezes chamada de árvore Bodhi. Após muitas semanas de meditação, ele alcançou a "iluminação perfeita", o "despertar", Bodhi, aos 35 anos. Ele havia libertado a si mesmo. Ele descobrira o Caminho do Meio, a anulação dos extremos entre licenciosidade e ascese.

De acordo com a tradição budista, ele se lembrou de suas existências anteriores durante esse tempo e reconheceu a reencarnação de outros seres. Ele obteve o conhecimento das Quatro Verdades Nobres, isto é, como se pode pôr um fim aos três males básicos do prazer sensual, do desejo de vir a ser algo e da ignorância. Como H. von Glasenapp descreve: "A libertação está no libertado. O renascimento cessou, e a mudança sagrada está completa. O que devia ser feito foi feito. Após esta vida, não haverá outras." Então ele deixou o ciclo de renascimentos e alcançou o nirvana nesta vida. Como ele não sabia se conseguiria realmente comunicar aos outros sua experiência de iluminação, ele inicialmente decidiu permanecer em silêncio.

Darma-Chakra, a Roda do Ensinamento

Somente os pedidos urgentes de seus seguidores fizeram com que Gautama Siddharta passasse a mover-se de um lado para outro como mestre e ajudante até o momento de sua morte. O grupo de seguidores – monges, monjas e leigos a quem ele convenceu acerca de seu caminho para a libertação – cresceu continuamente. As seguintes palavras foram atribuídas a ele: "Do mesmo modo que o oceano é permeado por um mesmo gosto, o do sal, este ensinamento e esta ordem são permeados por apenas um gosto, o da libertação". Reza a lenda que o "Iluminado" foi para o *pari nirvana*, o completo fim da existência, nos braços de sua aluna favorita, Ananda, aos oitenta anos, após sofrer uma intoxicação alimentar.

Em seu sermão em Sarnath, perto de Benares, em 528 a.C., Buda colocou a "roda do ensinamento" em movimento. Uma roda com oito raios simboliza os ensinamentos de Buda. Essa imagem quer dizer que os ensinamentos de Buda vão atuar durante a existência deste mundo, enquanto a roda girar. Se ela parar, um novo Buda, o futuro Buda Maitreya, vai aparecer. O Buda Sakyamuni proclamou a base de seus ensinamentos, as Quatro Verdades Nobres, primeiramente para cinco viajantes ascetas.

Sua abordagem seguia um método de cura, Samkhya, que tem origem numa antiga forma indiana de encadeamento de coisas:

1. O diagnóstico do mal: toda a vida é sofrimento.
2. Encontrando a causa: todo sofrimento tem suas raízes no desejo, na "sede".
3. Eliminando a causa: a interrupção desse desejo leva ao fim do sofrimento, da cadeia de renascimentos.
4. O meio para esse propósito: o caminho para a libertação é o sagrado Caminho dos Oito, isto é a crença certa, o pensamento certo, a fala certa as ações certas, o viver certo, o lutar certo, os pensamentos certos e a contemplação certa.

O budismo se torna uma religião mundial

Buda dirigiu sua mensagem para todas as pessoas, sem exceção. Num certo sentido, foi um gesto voltado para a humanidade e que se distanciou de práticas ascéticas de uma religião até então "aristocrática". Seus primeiros seguidores também vieram principalmente da classe alta. Deve-se sobretudo ao imperador indiano Ashoka (246 a.C.), com seu "governo do darma", o fato de os ensinamentos budistas terem se espalhado para fora da Índia e de que o budismo tenha se tornado uma religião do mundo.

Como no caso de Jesus, não há relatos de testemunhas oculares da vida de Gautama. A tradição oral foi registrada vários séculos depois de sua morte. As escrituras sagradas foram reunidas em diversas assembleias e combinadas em um cânone. Ao mesmo tempo, havia grandes discrepâncias de opinião acerca da autenticidade das várias coleções de escrituras que levaram a divisões em muitas correntes e seitas.

O "Grande Veículo" do Mahayana foi escrito no século I a.C. Ele foi comparado à escola antiga, o chamado "Veículo Menor" de Hinayana. A palavra "veículo" (*yana*) é uma metáfora Os ensinamentos são entendidos como um veículo com o qual podemos chegar à "margem segura", ao nirvana. Da perspectiva do Mahayana, o veículo da escola mais antiga parece ser pequeno porque ele tem espaço para apenas uma pessoa em busca da libertação, o *arhat*. Aqui, essa libertação baseia-se somente nos próprios esforços do indivíduo. No "Veículo Maior", há espaço para todo mundo. Todos os seres devem alcançar a libertação. O ideal do *arhat* foi substituído pelo conceito do bodisatva. O "Veículo de Diamante", o Vajrayana, surgiu no meio do primeiro milênio do encontro com o tantrismo hindu e chegou ao Tibete junto com o Mahayana.

Uma mudança de paradigma

Com o Mahayana, ocorreu no budismo uma mudança de paradigma de uma religião de elite para uma religião de massas. Como as pessoas não podem sobreviver muito tempo sem orações, rituais ou uma crença em milagres, muito do que foi descartado pela porta da frente acabou encontrando seu caminho de volta pela porta dos fundos. O budismo teve de se dar conta de que sua doutrina da libertação, que renunciava conscientemente a qualquer culto, não satisfazia os desejos das massas. Então, o traje simples da ascese foi trocado por uma vestimenta colorida e suntuosa. Diversos costumes de várias culturas foram incorporados. Mas a doutrina budista, o darma, permaneceu imaculado em sua essência.

Uma transformação abrangente teve início aí. O budismo começou a ser uma igreja. Depositou-se menos valor na vida monástica, e até mesmo leigos podiam compreender o nirvana. Buda foi adorado como um deus e o céu era povoado com outros tantos budas, embora Gautama tenha rejeitado claramente o conceito de um deus de quem poderíamos esperar ajuda.

Os vários budas transcendentes incorporam os diversos aspectos de Buda. O princípio manifesta-se primeiramente nos "Três Corpos", *trikaya*. Surge também o conceito de "Terra Pura". Na doutrina budista, esses são "aspectos da consciência iluminada". A crença popular os vê como o Paraíso e espera lá renascer. A ajuda de Buda é decisiva nesse processo. Até mesmo as divindades, que asseguram a proteção contra os demônios, não são nada mais do que a pura emanação da consciência do próprio indivíduo. Mas os devotos rezam para elas pedindo ajuda do mesmo jeito que os santos são evocados na Igreja Católica.

O ensinamento do Buda chega ao Tibete

Os primeiros contatos do Tibete com o budismo ocorreram no século VII a.C. O resultado foi uma mistura da religião pré-Budista Bön – uma religião da natureza com elementos xamânicos, como o poder de fazer chover, fórmulas mágicas e exorcismos – e os ensinamentos de Buda. A tradição atribui a introdução do budismo ao rei Trisong Detsen (755 a 797) e suas duas viúvas, uma princesa chinesa e uma princesa nepalesa. As duas princesas também são incorporadas na Tara Branca e na Verde, duas divindades populares. O budismo foi declarado a religião oficial e suplantou a antiga Bön. A religião Bön provavelmente originou o nome Tibete. Os tibetanos chamam seu país de Böd e a si mesmos de Bödpa.

Segundo as fontes históricas, o mestre Padmasambhava da Índia é considerado o fundador do budismo tibetano. Em vez de lutar contra as antigas divindades, ele as incluiu na visão de mundo budista. Reza a lenda que ele baniu as forças demoníacas que se opuseram ao darma budista e as transformou nas forças de proteção do budismo. Por volta de 755, ele fundou o primeiro mosteiro em Samye.

A situação do budismo variou durante a Idade Média. No século IX, ele foi perseguido por razões políticas. No século XI, foi revivido. Quatro principais escolas de budismo tibetano se desenvolveram. A mais antiga é a de Nyingmapa, que veio do mestre Padmasambhava. Como seguidor do Mahayana, o indiano Athisa tentou impor as regras da ordem budista. A escola de Kadampa surgiu dessa reforma. As outras escolas são Kagyupa e Sakayapa. Os abades de Sakayapa formaram a autoridade central.

O Grande Quinto

Após outra fase de declínio, ocorreu, no século XIV, a reforma feita pelo mestre Tsongkhapa. Foi aí que os grandes mosteiros de Gaden, Drepung e Sera foram estabelecidos. Tashilumpo veio algum tempo depois. O budismo tibetano se espalhou nas regiões vizinhas até a Mongólia e a Sibéria. Tsongkhapa também é o fundador da escola Gelugpa, a "Igreja Amarela".

No século XVI, Sonam Gyatso, que posteriormente se tornou o terceiro Dalai Lama, ajudou a escola de Gelugpa a aprimorar-se. Ele converteu ao budismo o governante mongol Altan Khan e, em 1578, recebeu dele o título de Dalai Lama, que significa "mestre cuja sabedoria é tão vasta quanto o oceano". A fim de assegurar sua posição, ambos seus predecessores receberam o título postumamente. O "Grande Quinto" (Dalai Lama) marcou o início da liderança Gelugpa sobre todo o Tibete. O "Quinto" instituiu o Panchen Lama como segunda liderança espiritual e mandou construir em Lhasa o Palácio de Potala, para lá residir.

No fim do século XVII, o budismo em sua forma tibetana já havia fincado raízes profundas na Terra da Neve. O budismo tibetano também se espalhou para a Mongólia, onde sobrevive até hoje. Ele avançou pelas fronteiras da província chinesa de Yünnan e chegou até as regiões do Himalaias na Índia, em Ladakh, Lahual, Spiti, Sikkim, Arunachal Pradesh, através do Nepal e do Butão.

O sangha influencia a sociedade

Com o passar do tempo, a influência dos mosteiros com seus templos, cidades monásticas e universidades aumentou de modo consistente no Tibete. Toda a estrutura social foi influenciada pelo modelo budista de *sangha*. Quase todas as terras pertenciam à nobreza ou aos mosteiros. O poder político também estava nas mãos dessas duas classes. Todos os cargos importantes eram ocupados por aristocratas ou monges.

"Eu era agora o chefe de um sistema de governo que é único, mas ultrapassado e, infelizmente, atravessado pela corrupção após tantos anos de governo. Por exemplo, não era algo incomum vender os mais altos cargos", escreveu o Dalai Lama em sua biografia.

Até mesmo no começo do século XX, havia quase quinhentos mil monges e monjas no Tibete de uma população total de aproximadamente cinco milhões de pessoas. Foram desenvolvidos complicados sistemas hierárquicos para regulamentar a vida monástica e as diversas cerimônias e encontros para oração. Os mosteiros foram divididos em vários departamentos e subdepartamentos. Alguns movimentos deram mais valor aos estudos, enquanto outros, ao desenvolvimento espiritual e à meditação dos monges.

Todos os mosteiros eram mantidos por doação voluntária de dinheiro, grãos e manteiga por parte dos leigos. Em contrapartida, eles participavam na vida religiosa dos tibetanos. O Mahayana tinha o sistema budista dana, que reconhecia a doação de coisas materiais ou "bens" espirituais como uma virtude importante para o caminho da iluminação. Quando uma pessoa dá uma coisa, essa pessoa agradece a quem vai receber por ter lhe ajudado a fazer uma boa ação.

Nada de lamaísmo

Por conta do papel especial dos lamas, o budismo tibetano também é chamado de lamaísmo. O Dalai Lama apontou várias vezes que o termo provoca equívocos. O budismo tibetano faz parte da Mahayana e segue os textos tradicionais. A palavra tibetana "lama" tem o mesmo significado que a palavra "guru" do sânscrito, que é mais comum no Ocidente. Ambos se referem a um líder espiritual que mostra o "caminho da libertação". Os lamas recebem uma veneração especial porque eles incorporam os ensinamentos budistas. Seu treinamento tradicional inclui anos de estudo. Uma pessoa pode tornar-se um lama somente após três anos de isolamento e aí então tem a permissão de passar aos outros o seu conhecimento. Mestres especiais recebem ainda o título honorífico de "Rinpoche".

O *Livro Tibetano dos Mortos* do século XIV é muito bem conhecido no Ocidente já faz décadas. Em tibetano, ele se chama o Bardo Thödöl (libertação por meio da audição no estado intermediário). Ele deve ser estudado durante toda a vida de modo que a pessoa se familiarize com as diversas tarefas dos budas, divindades e demônios com que as pessoas se deparam depois que morrem. Se a morte aconteceu, os monges usam um ritual específico para explicar ao espírito do morto o que acontece quando ele vaga 49 dias em Bardo, o estado intermediário. Previne-se o espírito a não ser tentado a renascer por vários raios de luz e manifestações. Somente quando o espírito tiver reunido suficiente bom carma é que ele será capaz de alcançar o nirvana a partir desse estado intermediário.

Tulkus e outros seres iluminados

Os budistas tibetanos acreditam que os grandes lamas retornam após a morte. Com seus votos bodisatva eles se obrigaram a não permanecer no nirvana, mas a continuar a trabalhar para o bem de todos os seres. Existe um procedimento preciso para reconhecer esses seres iluminados: suas palavras e o comportamento ético são colocados à prova, buscam-se presságios de seu renascimento e os oráculos são consultados. Muitos lamas conseguem ainda se lembrar de detalhes de suas vidas anteriores. Houve supostamente cerca de dez mil lamas reencarnados, especialmente no Tibete, antes de 1959. Desde o exílio, esse número é de cerca de quatrocentos em todo o mundo. De acordo com Gonsar Rinpoche, há muitos pequenos Rinpoches nos mosteiros budistas da Índia. Ele explicou isso dizendo que muitos altos lamas perderam suas vidas nos anos 60, sob o governo chinês, e retornaram agora juntos.

Para dar um famoso exemplo do presente, os budistas citam a reencarnação de Geshe Rapten, o conselheiro espiritual do Dalai Lama, que morreu em 1985. O Tenzin Rabgyä foi encontrado em Dharamsala pelo abade do mosteiro no Lago Genebra, Gonsar Rinpoche. Ele estava crescendo em isolamento, no Mont Pélerin (montanha dos peregrinos, na Suíça), no único mosteiro tibetano da Europa. Ali, tanto monges tibetanos quanto europeus podem, juntos, estudar a filosofia budista e aprender tibetano. Os visitantes que participam dos impressionantes festivais religiosos que são celebrados ali sentem-se como se tivessem sido transportados para o Tibete.

Alguns lamas recebem o nome de *tulku* (corpo de transformação). Antigamente, as diversas linhagens de *tulku* eram um importante meio de assegurar os sucessos espirituais e políticos nos mosteiros. Eles também eram sujeitos a uma série de testes antes de serem reconhecidos como tais.

Imaculado como um diamante

Uma característica especial do budismo tibetano é a mistura de antigas regras monásticas indianas com os vários cultos do "Veículo de Diamante", o Vajrayana. Esse veículo está ligado ao "Veículo Maior" e incorporou elementos do tantrismo indiano. As mentes dos estudantes budistas devem se tornar tão perfeitas quanto diamantes. Tantras são textos esotéricos sobre astrologia, medicina e religião. Supõe-se que eles datem da época do Buda Sakyamuni. É claro que é preciso um mestre para uma apresentação aos tantras. Somente quando um lama considera alguém maduro o suficiente é que ele faz dessa pessoa seu estudante através de um ritual especial (Abhisheka).

Os textos devem ser compreendidos intuitivamente, baseando-se na experiência. Eles descrevem, por exemplo, os vários níveis de ascensão espiritual. A escola tântrica acredita que a verdade não pode ser compreendida apenas com a mente racional. Como resultado, as práticas tântricas também são ligadas ao espírito, à língua e ao corpo. No hinduísmo, essa abordagem é usada para uma união com a energia cósmica. No budismo, ela leva à sabedoria do Buda.

Os mantras são sílabas sagradas

No budismo tibetano também há cultos suntuosos e a crença em demônios e na magia. As pessoas passeiam em torno de santuários, girando rodas de oração, e o sacerdote segura um cetro de oração, *vadjra*, em suas mãos. O uso de fórmulas sagradas, chamadas de mantras, e apoios à meditação em forma de imagens, as mandalas, assim como os rituais ligados à mágica, chamados de mudra, todos vêm do tantra hindu. Com esses recursos, as pessoas esperam encurtar seu caminho para o nirvana. As antigas práticas de magia se parecem muito com métodos psicológicos de transformação da consciência.

Como os mantras são tão bem recebidos pelas pessoas, o budismo do Tibete também é conhecido como Mantrayana. Os mantras são sílabas sagradas carregadas de poder e que expressam certas forças cósmicas e aspectos do Buda e protegem a mente.

Durante a meditação, uma pessoa visualiza as diversas manifestações do Buda e repete constantemente os mantras ao mesmo tempo. O mantra tibetano mais conhecido é a frase de seis sílabas *om mani peme (padme) hum*. Para os budistas tibetanos, ele expressa a atitude básica de compaixão e o desejo de libertar-se. Ele é remanescente da "Oração do Coração" na Igreja Ortodoxa, em que as pessoas desejam se unir a Deus em seus corações através da contínua "lembrança de Deus".

Sobre espíritos famintos e palácios voadores

Na cosmologia budista, a "montanha mitológica de Meru" está no centro do universo. Ela é cercada de oceanos e continentes. Abaixo estão infernos "frios e quentes" e o reino dos "espíritos famintos". Os diversos deuses em seus "palácios voadores" vivem acima dela.

Os "espíritos famintos", pretos, têm estômagos gigantescos, mas bocas com o tamanho do buraco de uma agulha. Como resultado, eles têm de sofrer o doloroso tormento da fome. As pessoas podem se tornar espíritos famintos se foram mesquinhas, invejosas ou ciumentas em suas vidas.

Mundos sendo criados e outros morrendo se alternam numa série infinita. Não há nem deterioração duradoura nem progresso infinito. Em vez disso, a ascensão e a queda se alternam. Nas diversas eras do mundo, o tempo de vida diminui de oitenta mil anos para dez anos e daí aumenta lentamente de volta a oitenta mil anos. As pessoas perguntam como o Buda Sakyamuni pôde ter obtido um conceito de dimensões tão infinitamente grandes sem o conhecimento moderno de astronomia. Onde a pessoa nasce, em que circunstâncias culturais e em que sistema de mundo, tudo depende completamente do respectivo carma da pessoa.

A Roda da Vida

O conceito mitológico da transmigração de almas é frequentemente ilustrado como a "Roda da Vida" no *tanka* tibetano. Trata-se de uma imagem que descreve o sistema fechado da psicologia budista. O ameaçador demônio Yama, o Juiz dos Mortos, geralmente segura em suas garras um círculo com seis divisões em forma de cunha. Cada área corresponde a um nível do ciclo da existência. Existe a área dos deuses, os antideuses (titãs), os humanos, os animais, os espíritos famintos e os seres do inferno. Os deuses, suras ou devas, vivem num palácio esplêndido. A coroa da "Árvore da Realização de Desejos" fica na área deles. O Buda aparece com um instrumento de cordas que nos lembra a efemeridade.

Em seguida vêm os asuras, os antideuses. Suas vidas são uma batalha constante e sua principal característica é a inveja. Eles querem os frutos da "Árvore da Realização dos Desejos" para si. Buda aparece com uma espada, o símbolo da sabedoria. Ele lembra as pessoas de lutar pela paz interior em vez de pelo poder e pelo dinheiro.

O mundo dos seres humanos, com o envelhecimento, a doença e a morte, está conectado ao reino do céu. Buda aparece com uma tigela de esmolas e uma bengala, uma referência à efemeridade. Os três reinos inferiores são ocupados pelos animais, os espíritos famintos e os seres do inferno. Os animais não têm o conhecimento da liberdade que os humanos têm. Buda aparece com um livro e aponta para o poder libertador do pensamento. Os espíritos famintos têm de aprender a ser generosos uns com os outros.

Buda carrega um vaso com armita, o néctar dos deuses. Os seres do inferno têm de sofrer tormentos horríveis que nos fazem lembrar do Inferno de Dante. Os infernos frio e quente simbolizam as várias formas de ódio. Buda surge aqui com uma chama, símbolo da purificação, indicando que até mesmo as forças destrutivas da alma podem ser transformadas em dádivas benéficas.

A "Roda da Vida" é apenas um exemplo da variedade e das características especiais do budismo tibetano. Para se ter uma ideia da grande quantidade de escrituras sagradas do Tibete, basta se mencionar alguns números. O cânone tibetano inclui mais de trezentos volumes, contendo todos os trabalhos budistas que foram traduzidos para o tibetano a partir dos originais em sânscrito. O Kangyur contém a coleção de todas as instruções dadas pelo Buda Sakyamuni. Ele consiste de 92 volumes com 1.055 textos. Os diversos comentários, 3.626 ao todo, estão compilados nos 224 volumes do Tengyur.

O sol brilhante da liberdade

Até mesmo no Tibete havia o perigo de que o budismo se fragmentasse em seitas hostis. Mas, felizmente para essa religião, as discordâncias se esgotaram nos conflitos acerca da doutrina, sem causar quaisquer divisões sectárias. Muitos lamas são formados por mais de uma escola. Não existe um temor em relação ao contato entre as diferentes escolas como no cristianismo. Geralmente, a questão é como se pode combinar conceitos filosóficos com a prática. O movimento Rime surgiu no século XIX. Seu foco é eliminar as tendências sectárias permitindo que cada escola mantenha sua independência.

Mesmo após mais de trinta anos de dominação chinesa, e depois da destruição de mais de seis mil mosteiros – alguns deles do tamanho de uma cidade –, o Tibete ainda é um dos países mais religiosos do mundo. O Dalai Lama continua a desfrutar de uma grande veneração como a personificação dessa religiosidade. A bandeira nacional tibetana, que foi desenhada pelo 13º Dalai Lama (1876-1933) e está proibida hoje em dia, também mostra como a forma tibetana multifacetada dos ensinamentos de Buda foi aceita na vida daquelas pessoas. A montanha branca representa o Tibete, a Terra da Neve. Os doze raios vermelhos e azuis referem-se às seis tribos mitológicas originais, de onde vieram as doze tribos do Tibete. Vermelho e azul são as cores dos deuses protetores.

O sol radiante no centro da bandeira simboliza a esperança por liberdade, felicidade e prosperidade. Os dois leões míticos em primeiro plano representam os poderes espirituais e terrenos. Eles têm em suas patas três joias flamejantes, "As Três Joias Budistas" (Triratna), que simbolizam o refúgio em Buda, no darma, seus ensinamentos, e no *sangha*, a comunidade dos monges. A joia na parte inferior lembra os tibetanos de que devem respeitar as exigências éticas. E a moldura dourada indica como são duradouros os ensinamentos do budismo.

Dias de medo, noites de luto

As palavras a seguir também vieram do 13º Dalai Lama. Ele as escreveu em 1932, e soaram como uma profecia acerca do destino de seu povo: "Pode acontecer que aqui, no centro do Tibete, a religião e o governo sejam atacados do lado de fora e do lado de dentro. A menos que possamos proteger nosso próprio país, o Dalai Lama e o Panchen Lama, o pai e o filho, e todas as gloriosas reencarnações, serão aviltadas e se passarão ao anonimato. O estatuto da lei será enfraquecido. As terras e outras posses dos mosteiros e monges serão confiscadas. Esses serão forçados a servir a seus inimigos ou a vagar pelo país como mendigos. Todos os seres vão afundar em tempos difíceis e medos opressores. Os dias e as noites irão se arrastar em lento tormento."

As dimensões da infelicidade e do sofrimento em que essas pessoas tiveram de viver por mais de quarenta anos são impressionantes. Os chineses marcharam sobre o Tibete em 1950. O Dalai Lama se exilou em 1959. Entre 1959 e 1980, um sexto de toda a população tibetana, que significa mais de um milhão de tibetanos, perdeu a vida como resultado dessa invasão: 175 mil foram mortos na prisão, 156 mil morreram em execuções em massa, 413 mil morreram de fome durante as "Reformas Agrícolas", 92 mil foram torturados até a morte e 10 mil cometeram suicídio.

Segundo registros, mais de 6,1 mil mosteiros foram destruídos. Em consequência disso, os tibetanos perderam seus centros religiosos. Por causa das reformas agrícolas comunistas e da administração incompetente que veio em seguida, pela primeira vez na história do Tibete ocorreu a fome e recursos naturais foram pilhados. Muitas espécies de animais e plantas foram varridas, e o meio ambiente foi colocado em risco por causa dos resíduos nucleares. Naquela que foi uma "zona de paz", agora há mísseis nucleares. Como consequência da política de reassentamento de Pequim os chineses são agora maioria no país, com 7,5 milhões de pessoas contra 6 milhões de tibetanos. Apesar de sua extensão territorial de 2,5 milhões de metros quadrados (aproximadamente o mesmo tamanho de toda a Europa ocidental), o Tibete parece estar à margem dos assuntos do mundo. Antes de mais nada, foram as aparições e os incansáveis esforços do Dalai Lama em países estrangeiros, e também de inúmeras organizações, que despertaram o interesse internacional por essa nação oprimida.

A reencarnação rompe todas as barreiras

Os escritores ocidentais gostam de escrever sobre o velho Tibete usando palavras como "feudal" e "teocrático". Mas nenhum desses termos pode ser simplesmente aplicado à ordem social budista. O conceito de reencarnação também é algo que vai completamente além da compreensão dos europeus. Ele rompe estruturas hierárquicas e se torna uma força da justiça do equilíbrio. Hoje, diríamos talvez que, diferentemente do pensamento ocidental, não há aqui distinção entre ter oportunidades iguais de fazer alguma coisa e ser julgado pelo quão bem você a realizou. Não se herda por acaso um melhor lugar na vida, seja a pessoa um *tulku* ou um aristocrata. É o próprio indivíduo quem ganha através de boas ações em uma vida anterior.

Apesar de seus ideais elevados, o Tibete não se livrou das injustiças, da corrupção e dos abusos. A luta pela libertação é uma poderosa motivação para ações na economia, de acordo com o sociólogo americano Melford E. Spiro, com referência a Max Weber. Com uma leve ironia, ele acrescenta que, em vez de gastar tanto dinheiro com presentes desnecessários para os monges (e aqui ele se refere a Burma), as pessoas poderiam ter usado o dinheiro para aperfeiçoar os serviços sociais e o sistema educacional.

O chamado budismo "original" na verdade foi redescoberto pelos intelectuais do Ocidente. Mas há poucos pontos de interseção com as ideologias políticas ocidentais. Os ensinamentos de Buda não se preocupam em modificar o Estado e a ordem social. O principal objetivo é apenas a libertação da existência cheia de sofrimentos na Terra e engendrar esforços em direção à paz entre os seres humanos. Entretanto, uma exceção específica é o encontro com o marxismo. Desde 1948, têm havido tentativas repetidas de encontrar um denominador comum entre as duas doutrinas. Isso, é claro, não tem qualquer relação com "o socialismo real, existente", como desenvolvido na antiga União Soviética e que ainda sobrevive na China de hoje. Em vez disso, o debate é mais voltado para a ideia do marxismo como visão de mundo que reivindica uma mudança radical da sociedade.

Uma peculiaridade do budismo tibetano é a consulta a oráculos antes de se tomar decisões políticas importantes. Para esse propósito, foi indicado em 1987 um novo médium, Nechung. Uma das divindades evocadas durante esse ritual foi Dorje Shudgen. Embora o próprio Dalai Lama tenha seguido essa tradição originalmente e seu professor particular tenha iniciado muitos lamas no culto a Shudgen, a adoração a essa divindade foi proibida há alguns anos por Dharamsala. No período seguinte, houve conflitos entre os seguidores do deus oráculo Oeddhar e os adoradores de Shudgen.

Os observadores do Tibete acreditam que o próprio oráculo havia criado essa cisão e fez de Shudgen o bode expiatório de todo o mal. O conflito culminou em confrontos violentos. As casas dos seguidores de Shudgen foram supostamente revistadas por seus oponentes religiosos, fiéis foram atacados e as imagens e os altares da divindade foram destruídos. O governo tibetano no exílio pressionou os mosteiros da tradição Shudgen e exigiu uma separação do culto por escrito. Os monges que se recusaram foram declarados traidores. Em fevereiro de 1997, o lama Lobsang Gyatso, amigo do Dalai Lama e oponente da seita Shudgen, foi assassinado. Parece também que chineses infiltrados semearam discórdia e dissensão entre pessoas ligadas ao Dalai Lama.

Gonsar Rinpoche, o abade do mosteiro tibetano no lago Genebra, tece um comentário crítico: "Hoje estamos vivendo uma das fases mais difíceis de nossa história, em que todos os tibetanos sofrem. No entanto, temos que admitir que o Tibete é uma nação como outros países e que os tibetanos também são um povo falível. Não há circunstâncias paradisíacas neste mundo. No passado, nosso povo foi quase louvado. No entanto, muito elogio acrítico não é bom para ninguém. Na verdade, as coisas no Tibete são como em qualquer outro lugar." No antigo Tibete havia autoridades corruptas e monges envolvidos em tramas na corte dos Dalai Lamas, e até mesmo alguns assassinatos ocorreram. Entre os lamas que aparecem no Ocidente também há charlatães e gurus envolvidos em negócios escusos.

A sociedade justa

Como os budistas, os marxistas não reconhecem um Deus criador todo-poderoso. Eles querem, como afirmam, analisar a realidade cientificamente. Nesse ponto, eles parecem pensar de modo semelhante aos budistas. O antigo reinado budista não reconhecia a propriedade privada da terra porque o único dono era o Estado, representado pelo rei. Com a aplicação da doutrina da "Verdade Dupla", desenvolvida pelo filosofo budista Nagarjuna, os budistas modernos veem o marxismo como a verdade "inferior" e o budismo como a "superior".

A verdade "inferior" marxista deveria servir para criar uma sociedade justa equivalente ao Estado ideal budista. Uma sociedade sem classes também se desenvolve através da reencarnação porque essa supera todas as barreiras políticas, sociais e nacionais. Através dela, a humanidade deveria se tornar uma grande comunidade universal que se aproxima do ideal marxista.

Quando questionado acerca de suas visões políticas, o Dalai Lama diz que continua a ser um "socialista" no campo da economia. Nos anos 50, ele até mesmo quis tornar-se membro do Partido Comunista da China. Em sua biografia, *Liberdade no Exílio*, ele escreve: "Quanto mais me envolvi com o marxismo, mais havia um apelo nele para mim. Aí estava um sistema social baseado em igualdade e justiça para todos, que prometia ser o remédio universal para todos os males do mundo." Ele vê a única desvantagem teórica do marxismo na "compreensão puramente materialista da existência humana". Mesmo hoje em dia, ele ainda está convencido de que uma síntese entre o budismo e o marxismo é possível, "para a partir daí se desenvolver um caminho efetivo para a ação política".

Violência e não violência

Uma diferença fundamental entre o marxismo e o budismo é sem dúvida a questão do uso da violência. *Ahimsa*, a renúncia a qualquer tipo de violência, e a teoria revolucionária podem dificilmente se unir. De acordo com o conceito marxista, o mundo não é harmonioso, mas antagônico. O único jeito de superar a injustiça é através da luta de classes. Os budistas têm reservas quanto a revoltar-se contra a injustiça social porque, de acordo com a doutrina da reencarnação, eles são culpados pela injustiça que estiverem vivenciando. Ao se rebelar contra a injustiça, eles estariam novamente carregados de culpa na vida seguinte. Entretanto, isso vem mudando desde meados dos anos 80. Os tibetanos, que eram um povo guerreiro em tempos pré-budistas, tentaram em vão se defender em diversas revoltas às quais os chineses deram um fim sangrento.

By Huitzi acredita que a teoria da não violência não pode ser mantida no final das contas. No caso do Tibete, espera-se obviamente que o poder chinês possa ser forçado a recuar em virtude do crescente caos político. Para Huitzi, parece que a profissão da não violência é a esperança dos fracos que não têm um exército. Ele vê uma atitude contraditória semelhante no fato de que os próprios tibetanos não matam animais, mas gostam de comprar carne de açougueiros não budistas.

De maneira independente da *ahimsa*, há razões bem realistas para o Dalai Lama se apegar ao princípio da não violência no conflito com a China. Para ele está claro que nem mesmo os mais corajosos tibetanos podem conseguir nada voltando-se contra o poder chinês. Ele certamente ficou muito emocionado, como escreveu em sua biografia, quando soube da coragem que desafiava a morte com que os guerrilheiros tibetanos, em 1958, atacaram as superiores forças militares chinesas.

Schopenhauer, o "budista"

Durante séculos, a Europa teve apenas um conceito muito vago do budismo. O conhecimento inicial e ainda impreciso acerca do budismo veio com os missionários jesuítas. Na Alemanha, Godfried Wilhelm Leibniz (1646-1716) foi o primeiro a se dedicar aos ensinamentos budistas. Entretanto, ele interpretou de maneira errada alguns de seus elementos. Martin Baumann acredita que não apenas Leibniz, mas pensadores e poetas que vieram depois, de Kant a Nietzsche, foram sujeitos a muitas interpretações equivocadas por conta das fontes escassas. Todos eles interpretaram o budismo como uma doutrina sobre o "Nada" cuja principal preocupação era o "sofrimento".

Entretanto, através dos trabalhos de Arthur Schopenhauer (1788-1860), que chamava a si mesmo de budista, grupos cada vez mais amplos começaram a se interessar pelos ensinamentos de Buda. Schopenhauer acreditava que as escrituras budistas confirmavam sua própria visão. Ele foi supostamente o primeiro alemão a instalar uma estátua de Buda em sua casa. No começo do século XX, desenvolveu-se uma "budologia alemã" independente em círculos acadêmicos. Posteriormente foi formada a Sociedade Budista Alemã.

Os primeiros budistas na Alemanha foram então alemães e não asiáticos. Eles se esforçaram para encontrar os "ensinamentos originais" de Buda dentro da extensa coleção de escrituras budistas. Para eles, a palavra escrita era decisiva, e o budismo parecia ser uma "religião do senso comum e da humanidade", que eles contrastavam com o cristianismo, que havia se tornado dogmático. Filósofos, artistas e escritores enfatizam a visão de mundo ética budista e a profunda doutrina da sabedoria. Por outro lado, os líderes religiosos e os políticos falam de um "niilismo devastador" e um "pessimismo sombrio".

O recomeço budista?

Em 1952, a Ordem Arya Maitreya Mandala (AMM) se estabeleceu na Alemanha. Ela foi fundada em 1933 pelo lama alemão Anagarika Govinda (L.E. Hofmann). A ordem não tem relação com qualquer escola budista histórica, mas pretende trazer ao Ocidente um budismo "orientado para o futuro". Por isso ela se refere especialmente ao Buda Maitreya, que ainda está por vir, e espera pela "grande oportunidade de um novo começo budista no Ocidente". Com a ajuda de práticas religiosas budistas, todas as pessoas devem ser capazes de vivenciar uma "consciência universal".

O Lama Govinda queria acima de tudo unir os pontos cruciais das várias escolas. Desde 1958, a União Budista Alemã (DBU) representa todas as sociedades budistas da Alemanha.

Em 1991, havia um total de 27 organizações e grupos. Até hoje os asiáticos não se juntaram à DBU. Há atualmente cerca de vinte mil budistas alemães e quarenta mil budistas asiáticos na Alemanha.

Durante os anos 60, ocorreu um boom zen nos Estados Unidos, que também afetou a Alemanha. Os trabalhos e interpretações psicológicas do zen budismo feitos por D. T. Suzuki, Erich Fromm e Carl Gustav Jung se tornaram bastante conhecidos. Os livros escritos pelo jesuíta H. M. Enoymia-Lassale, assim como os de Karlfried Graf von Dürckheim, despertaram o interesse pela meditação zen. Com o movimento hippie, o "Beat Zen" e um entusiasmo por tudo que fosse indiano entraram na moda. Nos anos 70 e 80, mais e mais grupos surgiram e não mais se preocupavam com mudanças políticas na sociedade, como os revolucionários da década de 60. Em vez disso, eles estavam interessados em sua própria vida espiritual.

O Tibete e a Europa

Após a fuga do Dalai Lama e outros altos dignitários tibetanos em 1959, o budismo tibetano também começou a se espalhar pela Alemanha. Nos anos 50, o austríaco Heinrich Harrer, com suas descrições impressionantes de sua estada de sete anos no Tibete, despertou uma vívida simpatia na Europa pela distante nação himalaia. Em 1966, o Dalai Lama enviou Lobsang Dargay a Munique para procurar pelo Kalmück Geshe mongol.

Em 1968, foi estabelecido pelo Geshe Rabten, o conselheiro pessoal do Dalai Lama, o Instituto Monástico Tibetano em Rikon, para os cerca de mil tibetanos que vivem no exílio na Suíça. Ele o dirigiu até sua morte, em 1986. Como os tibetanos são pessoas simples e adaptáveis, foi possível para eles se aclimatar na Suíça e ainda assim preservar sua própria tradição. Os jovens tibetanos têm grande dificuldade em relação a isso. Eles muitas vezes não falam tibetano e devem aprender o idioma em cursos especiais de verão no Mont Pélerin. Dos cerca de quinhentos tibetanos que foram adotados por famílias suíças, alguns até mesmo se tornaram viciados em drogas e houve alguns casos de suicídio. Em 1973, o próprio Dalai Lama foi para a Europa pela primeira vez. Nos anos 70, os lamas também começaram a fundar centros tibetanos na Alemanha e a fazer palestras. As cerimônias de devoção, gloriosamente coloridas e melódicas, atraem sobretudo pessoas jovens e instruídas.

Martin Baumann acredita que a Alemanha vem se interessando pela filosofia budista de modo especial desde o começo do século XX. Na década de 60, também surgiu um envolvimento crescente com a meditação. Como resultado, o interesse teve foco inicial no "Veículo Menor" seguido do "Veículo Maior". Nos últimos anos o "Veículo de Diamante" tibetano também vem sendo bem recebido.

Nos anos 80, os grupos budistas na Alemanha começaram a levar sua visão de mundo para o movimento ambientalista. Eles criticavam, assim como outros, o comportamento da sociedade de consumo como uma "cobiça inferior à cegueira" e exigiam a "responsabilidade pessoal radical do indivíduo". Especialmente incompatíveis com a ética budista, que considera homens e animais iguais, são a abordagem industrial do confinamento em massa de animais e a vivisseção.

Uma crise de sentido no Ocidente

A grande resposta que os ensinamentos budistas tiveram na Europa e nos Estados Unidos é um sinal do crescente intercâmbio entre as culturas. Mas o grande interesse pelo budismo também reflete a crise espiritual do Ocidente. As raízes dessa crise datam da época do Iluminismo. No século XIX, a visão de mundo pessimista de Schopenhauer impressionou muitos de seus contemporâneos. Ele estava convencido da insignificância da história do mundo provocou uma onda verdadeiramente pessimista na literatura europeia. Schopenhauer disse "não" à vontade de viver e, influenciado pelo budismo, quis o nirvana. Hoje, entretanto, sabemos que seus conceitos budistas não correspondiam exatamente aos ensinamentos de Gautama.

Nietzsche também viu esse niilismo surgindo em "A Vontade de Poder" há cem anos. "O que significa niilismo?", ele perguntou. E respondeu: "Que os valores supremos se tornam inválidos. Falta objetivo. A resposta questão 'por que' está faltando... Todo o idealismo da humanidade até hoje está a ponto de virar niilismo – a crença na absoluta falta de valor, que é a falta de sentido."

Após a Segunda Guerra Mundial, um jeito de pensar fortemente materialista se impôs e intensificou mais ainda a crise espiritual. Em nossa sociedade próspera, com seu individualismo e subjetivismo, seus desejos e sonhos de autorrealização, há um sentimento crescente de vazio e falta de sentido. "Estamos sofrendo hoje de uma 'forma neurótica de niilismo' que se expressa no alcoolismo, no vício em drogas e na criminalidade", de acordo com Wolfgang Kraus. O ritmo acelerado, o estresse e o isolamento vêm crescendo continuamente nas massas de nossa sociedade.

Um supermercado de seitas

A Igreja Cristã não parece estar assumindo nem um pouco esses desafios e lutando contra eles com uma renovação interna. Além disso, há também um comportamento anti-institucional em relação às igrejas, que começou com a revolução dos anos 60. Mesmo que as "novas seitas religiosas" não sejam importantes em termos de seus números, elas aumentam a impressão de que há uma hiperoferta de possibilidades no supermercado de religiões e seitas". A identificação religiosa torna-se cada vez mais difícil em consequência disso. "Há pessoas que pertencem simultaneamente à congregação católica, fazem meditação transcendental e leem horóscopos", segundo Roland Campiche, filósofo de ética social, protestante, de Lausanne, numa conversa com o autor.

Muitas seitas com novos líderes e gurus tiram vantagem desses sentimentos de insegurança. Eles prometem seus seguidores, que estão em busca do sentido da vida, orientação e autorrealização através de supostos "novos ensinamentos esotéricos". Essa imensa "mistura sincrética" também gosta de tomar emprestado do budismo tibetano seus tantras e mantras. Gonsar Rinpoche, o chefe do centro espiritual de Mont Pélerin, tem a seguinte opinião: "Tais coisas não são úteis nem relacionadas ao desenvolvimento espiritual sério. Para nós, a coisa mais importante é a ética, e não o esoterismo."

Muitas pessoas se sentem sozinhas e abandonadas em nossa sociedade de massa. Elas se permitem seduzir por tais seitas em virtude de um suposto profundo sentimento de grupo. Mas frequentemente o preço de tal "viagem da alma para a felicidade" é a completa dependência e a separação de família e amigos. Em alguns casos, os seguidores até mesmo sofrem sérios danos emocionais. Como há tentativas constantes de igualar os "novos movimentos religiosos" ao budismo, os budistas têm de se distinguir de várias seitas pseudobudistas. Defenderam-se, e com razão, de serem vistos como uma seita ou uma religião de jovens.

A iniciação Kalachakra

A iniciação Kalachakra, que o Dalai Lama já celebrou 25 vezes desde os anos 70, tem causado conflitos. Diversos lamas tibetanos criticaram a frequente e espetacular performance desse ritual. O termo Kalachakra ("Roda do Tempo") descreve tanto uma divindade quanto ensinamentos tântricos. Ela envolve o Buda primordial (Adibuda), que nasceu de si mesmo e de quem emergiu tudo o que existe. O Kalachakra é um componente do budismo tântrico, e seu significado é difícil de entender para os não iniciados. A performance dos rituais pretende fazer desaparecer a polaridade deste mundo e abrir um caminho para a ausência de forma do nirvana. Esse conceito ver ao encontro do anseio de muitos ocidentais que esperam superar assim a fragmentação dolorosa vivenciada em todas as áreas da vida.

Os críticos dizem que é ingênuo e irrealista acreditar que podemos escapar incólumes às agruras terrenas e entrar na glória do nirvana com a fragrância do incenso, um pouco de meditação e uma dieta sem ingestão de carne.

Além disso, eles dizem que os diversos lamas tibetanos não perceberam a pouca compatibilidade que há entre o exigente caminho budista, sua ética e seu senso de responsabilidade pessoal e a superficialidade da mídia ocidental. Isso vale particularmente para as diversas estrelas de Hollywood cujo comprometimento com o budismo nem sempre é livre de uma autopromoção vaidosa. O "budismo light" dificilmente pode nos libertar do samsara, dos problemas do mundo. Na perspectiva budista, a pseudorreligiosidade causa um carma ruim, que não nos leva à libertação, mas a lamentáveis complicações.

Você vai reconhecê-lo por seus frutos

Movimentos como o New Age também acreditam que acharam as respostas para a crise espiritual do Ocidente nas mensagens do Oriente. A espiritualidade oriental e a tentativa de desenvolver uma consciência planetária deveriam levar a uma espiritualização da "nova humanidade". As pessoas acreditam que podem deixar para trás o mundo superficial e vazio do consumo (Comprar faz você feliz!) através de uma "nova" visão de mundo aprofundada e espiritualizada. A visão de mundo mecanicista, influenciada por Descartes e Newton, deveria ser substituída por uma perspectiva holística. Deus se torna o princípio da vida, a energia primordial do cosmos.

Como as pessoas esperam encontrar harmonia e paz para o mundo inteiro através de meditação, o engajamento político concreto muitas vezes é visto como desnecessário por parte desse movimento. A crescente crise ambiental é combatida com um novo senso de união com a natureza e o conceito de uma conexão geral. A espiritualidade New Age também gosta de tomar coisas emprestadas do budismo.

Levando em conta o pano de fundo de imensos desafios políticos, econômicos e ecológicos, todas essas correntes são ligadas por uma mínima consciência dos problemas e uma falta de autocrítica. "Não podemos evitar a crise com um 'reencantamento' do mundo e uma colagem dos ensinamentos de sabedoria do Extremo Oriente, da física quântica e da meditação", escreveu Hans-Joachim Höhn.

O predecessor de muitos desses movimentos é a teosofia, que surgiu no século XIX, e sua fundadora, Helena P. Blavatsky. Seu "budismo esotérico" é uma mistura de Cristo, Maitreya (o Buda do futuro) e "A Grande Irmandade Branca" para a Era de Aquário. "Todas essas teorias são maravilhosas, mas a comprovação de que elas realmente ajudaram alguém, ou se no fim das contas servem apenas ao próprio egoísmo da pessoa, é demonstrada somente pelas boas obras", disse Carl-Friedrich von Weizsäcker à autora.

Uma "Budamania"?

A França vem vivenciando uma verdadeira "Budamania". Embora François Jacquemart, editor de um guia do budismo tibetano, fale de um máximo de dez mil budistas franceses, outras publicações afirmam que seiscentos m franceses foram pegos pela "Budamania". Até mesmo a Igreja Católica parece estar preocupada com isso. O modismo do interesse pelo budismo foi detonado pelo filme *O Pequeno Buda*, de Bernardo Bertolucci, que aparentemente foi feito com a bênção do Dalai Lama. Nele, o diretor retratou a vida de Buda a sua própria maneira.

Pouco antes da estreia do filme, o Dalai Lama visitou a França. Boa parte da mídia, de revistas de moda até tabloides, voltaram seu foco para ele e tentaram "vender" o Dalai Lama como parte da última tendência do budismo. Talvez em breve a moda se inspire no Tibete. O escritor Jean-Louis Servant-Schreiber resumiu sua visão de mundo nas seguintes palavras: "Esta é a minha espiritualidade – um coquetel que consiste de 'budismo soft' e uma pitada de humor".

Amor e compaixão

O Dalai Lama repetidas vezes enfatizou que não está preocupado em tornar o Ocidente budista. Ele está convencido de que o cristianismo permanecerá sendo a religião do Ocidente no futuro. Muitos dos novos movimentos religiosos dificilmente podem esperar uma reação de apoio do Dalai Lama, que pode estar comprometido com o diálogo entre as religiões, sem no entanto pensar exatamente numa religião uniforme e difundida. Seu senso político de responsabilidade em relação ao oprimido povo tibetano o motiva a participar do problemático negócio da política. Hoje ele é considerado o maior estudioso budista de todos os tempos.

O Dalai Lama acredita que os ocidentais podem aprender com o budismo e suas meditações para praticar o amor e a compaixão, para não fazer mal a ninguém e ajudar as outras pessoas. "Podemos ser políticos, homens de negócios, comunistas, cientistas, engenheiros, o que quer que seja – assim que passamos a ter um efeito sobre a sociedade, os fatores decisivos são o amor e a compaixão. Cada um de nós é responsável por toda a humanidade."

Coleção L&PM POCKET (Lançamentos mais recentes)

- O príncipe e o mendigo – Mark Twain
- Garfield, um charme de gato (7) – Jim Davis
- Ilusões perdidas – Balzac
- Esplendores e misérias das cortesãs – Balzac
- Walter Ego – Angeli
- Striptiras (1) – Laerte
- Fagundes: um puxa-saco de mão cheia – Laerte
- Depois do último trem – Josué Guimarães
- Ricardo III – Shakespeare
- Dona Anja – Josué Guimarães
- 24 horas na vida de uma mulher – Stefan Zweig
- Mulher no escuro – Dashiell Hammett
- No que acredito – Bertrand Russell
- Odisseia (1): Telemaquia – Homero
- O cavalo cego – Josué Guimarães
- Henrique V – Shakespeare
- Fabulário geral do delírio cotidiano – Bukowski
- Tiros na noite 1: A mulher do bandido – Dashiell Hammett
- Snoopy em Feliz Dia dos Namorados! (2) – Schulz
- Crime e castigo – Dostoiévski
- Mistério no Caribe – Agatha Christie
- Odisseia (2): Regresso – Homero
- Piadas para sempre (2) – Visconde da Casa Verde
- À sombra do vulcão – Malcolm Lowry
- 3).Kerouac – Yves Buin
- E agora são cinzas – Angeli
- As mil e uma noites – Paulo Caruso
- Um assassino entre nós – Ruth Rendell
- Crack-up – F. Scott Fitzgerald
- Do amor – Stendhal
- Cartas do Yage – William Burroughs e Allen Ginsberg
- Striptiras (2) – Laerte
- Henry & June – Anaïs Nin
- A piscina mortal – Ross Macdonald
- Geraldão (2) – Glauco
- Tempo de delicadeza – A. R. de Sant'Anna
- Tiros na noite 2: Medo de tiro – Dashiell Hammett
- Snoopy em Assim é a vida, Charlie Brown! 3) – Schulz
- 1954 – Um tiro no coração – Hélio Silva
- Sobre a inspiração poética (Íon) e ... – Platão
- Garfield e seus amigos (8) – Jim Davis
- Odisseia (3): Ítaca – Homero
- A louca matança – Chester Himes
- Factótum – Bukowski
- Guerra e Paz: volume 1 – Tolstói
- Guerra e Paz: volume 2 – Tolstói
- Guerra e Paz: volume 3 – Tolstói
- Guerra e Paz: volume 4 – Tolstói

- 629(9).Shakespeare – Claude Mourthé
- 630.Bem está o que bem acaba – Shakespeare
- 631.O contrato social – Rousseau
- 632.Geração Beat – Jack Kerouac
- 633.Snoopy: É Natal! (4) – Charles Schulz
- 634.Testemunha da acusação – Agatha Christie
- 635.Um elefante no caos – Millôr Fernandes
- 636.Guia de leitura (100 autores que você precisa ler) – Organização de Léa Masina
- 637.Pistoleiros também mandam flores – David Coimbra
- 638.O prazer das palavras – vol. 1 – Cláudio Moreno
- 639.O prazer das palavras – vol. 2 – Cláudio Moreno
- 640.Novíssimo testamento: com Deus e o diabo, a dupla da criação – Iotti
- 641.Literatura Brasileira: modos de usar – Luís Augusto Fischer
- 642.Dicionário de Porto-Alegrês – Luís A. Fischer
- 643.Clô Dias & Noites – Sérgio Jockymann
- 644.Memorial de Isla Negra – Pablo Neruda
- 645.Um homem extraordinário e outras histórias – Tchékhov
- 646.Ana sem terra – Alcy Cheuiche
- 647.Adultérios – Woody Allen
- 651.Snoopy: Posso fazer uma pergunta, professora? (5) – Charles Schulz
- 652(10).Luís XVI – Bernard Vincent
- 653.O mercador de Veneza – Shakespeare
- 654.Cancioneiro – Fernando Pessoa
- 655.Non-Stop – Martha Medeiros
- 656.Carpinteiros, levantem bem alto a cumeeira & Seymour, uma apresentação – J.D.Salinger
- 657.Ensaios céticos – Bertrand Russell
- 658.O melhor de Hagar 5 – Dik e Chris Browne
- 659.Primeiro amor – Ivan Turguêniev
- 660.A trégua – Mario Benedetti
- 661.Um parque de diversões da cabeça – Lawrence Ferlinghetti
- 662.Aprendendo a viver – Sêneca
- 663.Garfield, um gato em apuros (9) – Jim Davis
- 664.Dilbert (1) – Scott Adams
- 666.A imaginação – Jean-Paul Sartre
- 667.O ladrão e os cães – Naguib Mahfuz
- 669.A volta do parafuso *seguido de* Daisy Miller – Henry James
- 670.Notas do subsolo – Dostoiévski
- 671.Abobrinhas da Brasilônia – Glauco
- 672.Geraldão (3) – Glauco
- 673.Piadas para sempre (3) – Visconde da Casa Verde
- 674.Duas viagens ao Brasil – Hans Staden
- 676.A arte da guerra – Maquiavel
- 677.Além do bem e do mal – Nietzsche
- 678.O coronel Chabert *seguido de* A mulher abandonada – Balzac
- 679.O sorriso de marfim – Ross Macdonald

680. **100 receitas de pescados** – Sílvio Lancellotti
681. **O juiz e seu carrasco** – Friedrich Dürrenmatt
682. **Noites brancas** – Dostoiévski
683. **Quadras ao gosto popular** – Fernando Pessoa
685. **Kaos** – Millôr Fernandes
686. **A pele de onagro** – Balzac
687. **As ligações perigosas** – Choderlos de Laclos
689. **Os Lusíadas** – Luís Vaz de Camões
690.(11).**Átila** – Éric Deschodt
691. **Um jeito tranquilo de matar** – Chester Himes
692. **A felicidade conjugal** seguido de **O diabo** – Tolstói
693. **Viagem de um naturalista ao redor do mundo** – vol. 1 – Charles Darwin
694. **Viagem de um naturalista ao redor do mundo** – vol. 2 – Charles Darwin
695. **Memórias da casa dos mortos** – Dostoiévski
696. **A Celestina** – Fernando de Rojas
697. **Snoopy: Como você é azarado, Charlie Brown! (6)** – Charles Schulz
698. **Dez (quase) amores** – Claudia Tajes
699. **Poirot sempre espera** – Agatha Christie
701. **Apologia de Sócrates** precedido de **Êutifron** e seguido de **Críton** – Platão
702. **Wood & Stock** – Angeli
703. **Striptiras (3)** – Laerte
704. **Discurso sobre a origem e os fundamentos da desigualdade entre os homens** – Rousseau
705. **Os duelistas** – Joseph Conrad
706. **Dilbert (2)** – Scott Adams
707. **Viver e escrever** (vol. 1) – Edla van Steen
708. **Viver e escrever** (vol. 2) – Edla van Steen
709. **Viver e escrever** (vol. 3) – Edla van Steen
710. **A teia da aranha** – Agatha Christie
711. **O banquete** – Platão
712. **Os belos e malditos** – F. Scott Fitzgerald
713. **Líbelo contra a arte moderna** – Salvador Dalí
714. **Akropolis** – Valerio Massimo Manfredi
715. **Devoradores de mortos** – Michael Crichton
716. **Sob o sol da Toscana** – Frances Mayes
717. **Batom na cueca** – Nani
718. **Vida dura** – Claudia Tajes
719. **Carne trêmula** – Ruth Rendell
720. **Cris, a fera** – David Coimbra
721. **O anticristo** – Nietzsche
722. **Como um romance** – Daniel Pennac
723. **Emboscada no Forte Bragg** – Tom Wolfe
724. **Assédio sexual** – Michael Crichton
725. **O espírito do Zen** – Alan W.Watts
726. **Um bonde chamado desejo** – Tennessee Williams
727. **Como gostais** seguido de **Conto de inverno** – Shakespeare
728. **Tratado sobre a tolerância** – Voltaire
729. **Snoopy: Doces ou travessuras? (7)** – Charles Schulz
730. **Cardápios do Anonymus Gourmet** – J.A. Pinheiro Machado
731. **100 receitas com lata** – J.A. Pinheiro Machado
732. **Conhece o Mário?** vol.2 – Santiago
733. **Dilbert (3)** – Scott Adams
734. **História de um louco amor** seguido de **Pass amor** – Horacio Quiroga
735.(11).**Sexo: muito prazer** – Laura Meyer da Si
736.(12).**Para entender o adolescente** – Dr. Ror Pagnoncelli
737.(13).**Desembarcando a tristeza** – Dr. Ferna Lucchese
738. **Poirot e o mistério da arca espanhola & ou histórias** – Agatha Christie
739. **A última legião** – Valerio Massimo Manfre
741. **Sol nascente** – Michael Crichton
742. **Duzentos ladrões** – Dalton Trevisan
743. **Os devaneios do caminhante solitári** Rousseau
744. **Garfield, o rei da preguiça (10)** – Jim Da
745. **Os magnatas** – Charles R. Morris
746. **Pulp** – Charles Bukowski
747. **Enquanto agonizo** – William Faulkner
748. **Aline: viciada em sexo (3)** – Adão Iturrusg
749. **A dama do cachorrinho** – Anton Tchékho
750. **Tito Andrônico** – Shakespeare
751. **Antologia poética** – Anna Akhmátova
752. **O melhor de Hagar 6** – Dik e Chris Brow
753.(12).**Michelangelo** – Nadine Sautel
754. **Dilbert (4)** – Scott Adams
755. **O jardim das cerejeiras** seguido de **Tio V** – Tchékhov
756. **Geração Beat** – Claudio Willer
757. **Santos Dumont** – Alcy Cheuiche
758. **Budismo** – Claude B. Levenson
759. **Cleópatra** – Christian-Georges Schwentz
760. **Revolução Francesa** – Frédéric Bluche, Sté Rials e Jean Tulard
761. **A crise de 1929** – Bernard Gazier
762. **Sigmund Freud** – Edson Sousa e Paulo E
763. **Império Romano** – Patrick Le Roux
764. **Cruzadas** – Cécile Morrisson
765. **O mistério do Trem Azul** – Agatha Chris
768. **Senso comum** – Thomas Paine
769. **O parque dos dinossauros** – Michael Cric
770. **Trilogia da paixão** – Goethe
773. **Snoopy: No mundo da lua! (8)** – Charles S
774. **Os Quatro Grandes** – Agatha Christie
775. **Um brinde de cianureto** – Agatha Chris
776. **Súplicas atendidas** – Truman Capote
779. **A viúva imortal** – Millôr Fernandes
780. **Cabala** – Roland Goetschel
781. **Capitalismo** – Claude Jessua
782. **Mitologia grega** – Pierre Grimal
783. **Economia: 100 palavras-chave** – Jea Betbèze
784. **Marxismo** – Henri Lefebvre
785. **Punição para a inocência** – Agatha Chr
786. **A extravagância do morto** – Agatha Ch
787.(13).**Cézanne** – Bernard Fauconnier
788. **A identidade Bourne** – Robert Ludlum
789. **Da tranquilidade da alma** – Sêneca
790. **Um artista da fome** seguido de **Na c penal e outras histórias** – Kafka

- Histórias de fantasmas – Charles Dickens
- O Uraguai – Basílio da Gama
- A mão misteriosa – Agatha Christie
- Testemunha ocular do crime – Agatha Christie
- Crepúsculo dos ídolos – Friedrich Nietzsche
- O grande golpe – Dashiell Hammett
- Humor barra pesada – Nani
- Vinho – Jean-François Gautier
- Egito Antigo – Sophie Desplancques
- (14).Baudelaire – Jean-Baptiste Baronian
- Caminho da sabedoria, caminho da paz – Dalai Lama e Felizitas von Schönborn
- Senhor e servo e outras histórias – Tolstói
- Os cadernos de Malte Laurids Brigge – Rilke
- Dilbert (5) – Scott Adams
- Big Sur – Jack Kerouac
- Seguindo a correnteza – Agatha Christie
- O álibi – Sandra Brown
- Montanha-russa – Martha Medeiros
- Coisas da vida – Martha Medeiros
- A cantada infalível *seguido de* A mulher do centroavante – David Coimbra
- Snoopy: Pausa para a soneca (9) – Charles Schulz
- De pernas pro ar – Eduardo Galeano
- Tragédias gregas – Pascal Thiercy
- Existencialismo – Jacques Colette
- Nietzsche – Jean Granier
- Amar ou depender? – Walter Riso
- Darmapada: A doutrina budista em versos
- J'Accuse...! – a verdade em marcha – Zola
- Os crimes ABC – Agatha Christie
- Um gato entre os pombos – Agatha Christie
- Dicionário de teatro – Luiz Paulo Vasconcellos
- Cartas extraviadas – Martha Medeiros
- A longa viagem de prazer – J. J. Morosoli
- Receitas fáceis – J. A. Pinheiro Machado
- (14).Mais fatos & mitos – Dr. Fernando Lucchese
- (15).Boa viagem! – Dr. Fernando Lucchese
- Aline: Finalmente nua!!! (4) – Adão Iturrusgarai
- Mônica tem uma novidade! – Mauricio de Sousa
- Cebolinha em apuros! – Mauricio de Sousa
- Sócios no crime – Agatha Christie
- Bocas do tempo – Eduardo Galeano
- Orgulho e preconceito – Jane Austen
- Impressionismo – Dominique Lobstein
- Escrita chinesa – Viviane Alleton
- Paris: uma história – Yvan Combeau
- (15).Van Gogh – David Haziot
- Portal do destino – Agatha Christie
- O futuro de uma ilusão – Freud
- O mal-estar na cultura – Freud
- Um crime adormecido – Agatha Christie
- Satori em Paris – Jack Kerouac
- Medo e delírio em Las Vegas – Hunter Thompson
- Um negócio fracassado e outros contos de humor – Tchékhov
- Mônica está de férias! – Mauricio de Sousa
- De quem é esse coelho? – Mauricio de Sousa
- 860.O mistério Sittaford – Agatha Christie
- 861.Manhã transfigurada – L. A. de Assis Brasil
- 862.Alexandre, o Grande – Pierre Briant
- 863.Jesus – Charles Perrot
- 864.Islã – Paul Balta
- 865.Guerra da Secessão – Farid Ameur
- 866.Um rio que vem da Grécia – Cláudio Moreno
- 868.Assassinato na casa do pastor – Agatha Christie
- 869.Manual do líder – Napoleão Bonaparte
- 870(16).Billie Holiday – Sylvia Fol
- 871.Bidu arrasando! – Mauricio de Sousa
- 872.Os Sousa: Desventuras em família – Mauricio de Sousa
- 874.E no final a morte – Agatha Christie
- 875.Guia prático do Português correto – vol. 4 – Cláudio Moreno
- 876.Dilbert (6) – Scott Adams
- 877(17).Leonardo da Vinci – Sophie Chauveau
- 878.Bella Toscana – Frances Mayes
- 879.A arte da ficção – David Lodge
- 880.Striptiras (4) – Laerte
- 881.Skrotinhos – Angeli
- 882.Depois do funeral – Agatha Christie
- 883.Radicci 7 – Iotti
- 884.Walden – H. D. Thoreau
- 885.Lincoln – Allen C. Guelzo
- 886.Primeira Guerra Mundial – Michael Howard
- 887.A linha de sombra – Joseph Conrad
- 888.O amor é um cão dos diabos – Bukowski
- 890.Despertar: uma vida de Buda – Jack Kerouac
- 891(18).Albert Einstein – Laurent Seksik
- 892.Hell's Angels – Hunter Thompson
- 893.Ausência na primavera – Agatha Christie
- 894.Dilbert (7) – Scott Adams
- 895.Ao sul de lugar nenhum – Bukowski
- 896.Maquiavel – Quentin Skinner
- 897.Sócrates – C.C.W. Taylor
- 899.O Natal de Poirot – Agatha Christie
- 900.As veias abertas da América Latina – Eduardo Galeano
- 901.Snoopy: Sempre alerta! (10) – Charles Schulz
- 902.Chico Bento: Plantando confusão – Mauricio de Sousa
- 903.Penadinho: Quem é morto sempre aparece – Mauricio de Sousa
- 904.A vida sexual da mulher feia – Claudia Tajes
- 905.100 segredos de liquidificador – José Antonio Pinheiro Machado
- 906.Sexo muito prazer 2 – Laura Meyer da Silva
- 907.Os nascimentos – Eduardo Galeano
- 908.As caras e as máscaras – Eduardo Galeano
- 909.O século do vento – Eduardo Galeano
- 910.Poirot perde uma cliente – Agatha Christie
- 911.Cérebro – Michael O'Shea
- 912.O escaravelho de ouro e outras histórias – Edgar Allan Poe
- 913.Piadas para sempre (4) – Visconde da Casa Verde
- 914.100 receitas de massas light – Helena Tonetto

915(19). **Oscar Wilde** – Daniel Salvatore Schiffer
916. **Uma breve história do mundo** – H. G. Wells
917. **A Casa do Penhasco** – Agatha Christie
919. **John M. Keynes** – Bernard Gazier
920(20). **Virginia Woolf** – Alexandra Lemasson
921. **Peter e Wendy** *seguido de* **Peter Pan em Kensington Gardens** – J. M. Barrie
922. **Aline: numas de colegial (5)** – Adão Iturrusgarai
923. **Uma dose mortal** – Agatha Christie
924. **Os trabalhos de Hércules** – Agatha Christie
926. **Kant** – Roger Scruton
927. **A inocência do Padre Brown** – G.K. Chesterton
928. **Casa Velha** – Machado de Assis
929. **Marcas de nascença** – Nancy Huston
930. **Aulete de bolso**
931. **Hora Zero** – Agatha Christie
932. **Morte na Mesopotâmia** – Agatha Christie
934. **Nem te conto, João** – Dalton Trevisan
935. **As aventuras de Huckleberry Finn** – Mark Twain
936(21). **Marilyn Monroe** – Anne Plantagenet
937. **China moderna** – Rana Mitter
938. **Dinossauros** – David Norman
939. **Louca por homem** – Claudia Tajes
940. **Amores de alto risco** – Walter Riso
941. **Jogo de damas** – David Coimbra
942. **Filha é filha** – Agatha Christie
943. **M ou N?** – Agatha Christie
945. **Bidu: diversão em dobro!** – Mauricio de Sousa
946. **Fogo** – Anaïs Nin
947. **Rum: diário de um jornalista bêbado** – Hunter Thompson
948. **Persuasão** – Jane Austen
949. **Lágrimas na chuva** – Sergio Faraco
950. **Mulheres** – Bukowski
951. **Um pressentimento funesto** – Agatha Christie
952. **Cartas na mesa** – Agatha Christie
954. **O lobo do mar** – Jack London
955. **Os gatos** – Patricia Highsmith
956(22). **Jesus** – Christiane Rancé
957. **História da medicina** – William Bynum
958. **O Morro dos Ventos Uivantes** – Emily Brontë
959. **A filosofia na era trágica dos gregos** – Nietzsche
960. **Os treze problemas** – Agatha Christie
961. **A massagista japonesa** – Moacyr Scliar
963. **Humor do miserê** – Nani
964. **Todo o mundo tem dúvida, inclusive você** – Édison de Oliveira
965. **A dama do Bar Nevada** – Sergio Faraco
969. **O psicopata americano** – Bret Easton Ellis
970. **Ensaios de amor** – Alain de Botton
971. **O grande Gatsby** – F. Scott Fitzgerald
972. **Por que não sou cristão** – Bertrand Russell
973. **A Casa Torta** – Agatha Christie
974. **Encontro com a morte** – Agatha Christie
975(23). **Rimbaud** – Jean-Baptiste Baronian
976. **Cartas na rua** – Bukowski
977. **Memória** – Jonathan K. Foster
978. **A abadia de Northanger** – Jane Austen
979. **As pernas de Úrsula** – Claudia Tajes
980. **Retrato inacabado** – Agatha Christie
981. **Solanin (1)** – Inio Asano
982. **Solanin (2)** – Inio Asano
983. **Aventuras de menino** – Mitsuru Adachi
984(16). **Fatos & mitos sobre sua alimentação** – Fernando Lucchese
985. **Teoria quântica** – John Polkinghorne
986. **O eterno marido** – Fiódor Dostoiévski
987. **Um safado em Dublin** – J. P. Donleavy
988. **Mirinha** – Dalton Trevisan
989. **Akhenaton e Nefertiti** – Carmen Seganfr e A. S. Franchini
990. **On the Road – o manuscrito original** – J Kerouac
991. **Relatividade** – Russell Stannard
992. **Abaixo de zero** – Bret Easton Ellis
993(24). **Andy Warhol** – Mériam Korichi
995. **Os últimos casos de Miss Marple** – Ag Christie
996. **Nico Demo: Aí vem encrenca** – Mauricio de S
998. **Rousseau** – Robert Wokler
999. **Noite sem fim** – Agatha Christie
1000. **Diários de Andy Warhol (1)** – Editado Pat Hackett
1001. **Diários de Andy Warhol (2)** – Editado Pat Hackett
1002. **Cartier-Bresson: o olhar do século** – P Assouline
1003. **As melhores histórias da mitologia: vo** A.S. Franchini e Carmen Seganfredo
1004. **As melhores histórias da mitologia: vo** A.S. Franchini e Carmen Seganfredo
1005. **Assassinato no beco** – Agatha Christie
1006. **Convite para um homicídio** – Agatha Ch
1008. **História da vida** – Michael J. Benton
1009. **Jung** – Anthony Stevens
1010. **Arsène Lupin, ladrão de casaca** – Ma Leblanc
1011. **Dublinenses** – James Joyce
1012. **120 tirinhas da Turma da Mônica** – Mau de Sousa
1013. **Antologia poética** – Fernando Pessoa
1014. **A aventura de um cliente ilustre** *seguia* **O último adeus de Sherlock Holmes** Arthur Conan Doyle
1015. **Cenas de Nova York** – Jack Kerouac
1016. **A corista** – Anton Tchékhov
1017. **O diabo** – Leon Tolstói
1018. **Fábulas chinesas** – Sérgio Cappare Márcia Schmaltz
1019. **O gato do Brasil** – Sir Arthur Conan Do
1020. **Missa do Galo** – Machado de Assis
1021. **O mistério de Marie Rogêt** – Edgar Alla
1022. **A mulher mais linda da cidade** – Buko
1023. **O retrato** – Nicolai Gogol
1024. **O conflito** – Agatha Christie
1025. **Os primeiros casos de Poirot** – Agatha C
1027(25). **Beethoven** – Bernard Fauconnier

8. Platão – Julia Annas
9. Cleo e Daniel – Roberto Freire
0. Til – José de Alencar
1. Viagens na minha terra – Almeida Garrett
2. Profissões para mulheres e outros artigos feministas – Virginia Woolf
3. Mrs. Dalloway – Virginia Woolf
4. O cão da morte – Agatha Christie
5. Tragédia em três atos – Agatha Christie
7. O fantasma da Ópera – Gaston Leroux
8. Evolução – Brian e Deborah Charlesworth
9. Medida por medida – Shakespeare
. Razão e sentimento – Jane Austen
. A obra-prima ignorada *seguido de* Um episódio durante o Terror – Balzac
2. A fugitiva – Anaïs Nin
3. As grandes histórias da mitologia greco-romana – A. S. Franchini
. O corno de si mesmo & outras historietas – Marquês de Sade
. Da felicidade *seguido de* Da vida retirada – Sêneca
. O horror em Red Hook e outras histórias – H. P. Lovecraft
. Noite em claro – Martha Medeiros
. Poemas clássicos chineses – Li Bai, Du Fu e Wang Wei
. A terceira moça – Agatha Christie
. Um destino ignorado – Agatha Christie
(26). Buda – Sophie Royer
Guerra Fria – Robert J. McMahon
Simons's Cat: as aventuras de um gato travesso e comilão – vol. 1 – Simon Tofield
Simons's Cat: as aventuras de um gato travesso e comilão – vol. 2 – Simon Tofield
Só as mulheres e as baratas sobreviverão - Claudia Tajes
Pré-história – Chris Gosden
Pintou sujeira! – Mauricio de Sousa
Contos de Mamãe Gansa – Charles Perrault
A interpretação dos sonhos: vol. 1 – Freud
A interpretação dos sonhos: vol. 2 – Freud
Frufru Rataplã Dolores – Dalton Trevisan
As melhores histórias da mitologia egípcia – Carmem Seganfredo e A.S. Franchini
Infância. Adolescência. Juventude – Tolstói
As consolações da filosofia – Alain de Botton
Diários de Jack Kerouac – 1947-1954
Revolução Francesa – vol. 1 – Max Gallo
Revolução Francesa – vol. 2 – Max Gallo
O detetive Parker Pyne – Agatha Christie
Memórias do esquecimento – Flávio Tavares
Drogas – Leslie Iversen
Manual de ecologia (vol.2) – J. Lutzenberger
Como andar no labirinto – Affonso Romano e Sant'Anna
A orquídea e o serial killer – Juremir Machado da Silva
Amor nos tempos de fúria – Lawrence Ferlinghetti

1076. A aventura do pudim de Natal – Agatha Christie
1078. Amores que matam – Patricia Faur
1079. Histórias de pescador – Mauricio de Sousa
1080. Pedaços de um caderno manchado de vinho – Bukowski
1081. A ferro e fogo: tempo de solidão (vol.1) – Josué Guimarães
1082. A ferro e fogo: tempo de guerra (vol.2) – Josué Guimarães
1084(17). Desembarcando o Alzheimer – Dr. Fernando Lucchese e Dra. Ana Hartmann
1085. A maldição do espelho – Agatha Christie
1086. Uma breve história da filosofia – Nigel Warburton
1088. Heróis da História – Will Durant
1089. Concerto campestre – L. A. de Assis Brasil
1090. Morte nas nuvens – Agatha Christie
1092. Aventura em Bagdá – Agatha Christie
1093. O cavalo amarelo – Agatha Christie
1094. O método de interpretação dos sonhos – Freud
1095. Sonetos de amor e desamor – Vários
1096. 120 tirinhas do Dilbert – Scott Adams
1097. 200 fábulas de Esopo
1098. O curioso caso de Benjamin Button – F. Scott Fitzgerald
1099. Piadas para sempre: uma antologia para morrer de rir – Visconde da Casa Verde
1100. Hamlet (Mangá) – Shakespeare
1101. A arte da guerra (Mangá) – Sun Tzu
1104. As melhores histórias da Bíblia (vol.1) – A. S. Franchini e Carmen Seganfredo
1105. As melhores histórias da Bíblia (vol.2) – A. S. Franchini e Carmen Seganfredo
1106. Psicologia das massas e análise do eu – Freud
1107. Guerra Civil Espanhola – Helen Graham
1108. A autoestrada do sul e outras histórias – Julio Cortázar
1109. O mistério dos sete relógios – Agatha Christie
1110. Peanuts: Ninguém gosta de mim... (amor) – Charles Schulz
1111. Cadê o bolo? – Mauricio de Sousa
1112. O filósofo ignorante – Voltaire
1114. Filosofia pré-socrática – Catherine Osborne
1115. Desejo de status – Alain de Botton
1118. Passageiro para Frankfurt – Agatha Christie
1120. Kill All Enemies – Melvin Burgess
1121. A morte da sra. McGinty – Agatha Christie
1122. Revolução Russa – S. A. Smith
1123. Até você, Capitu? – Dalton Trevisan
1124. O grande Gatsby (Mangá) – F. S. Fitzgerald
1125. Assim falou Zaratustra (Mangá) – Nietzsche
1126. Peanuts: É para isso que servem os amigos (amizade) – Charles Schulz
1127(27). Nietzsche – Dorian Astor
1128. Bidu: Hora do banho – Mauricio de Sousa
1129. O melhor do Macanudo Taurino – Santiago
1130. Radicci 30 anos – Iotti
1131. Show de sabores – J.A. Pinheiro Machado

1132. **O prazer das palavras – vol. 3** – Cláudio Moreno
1133. **Morte na praia** – Agatha Christie
1134. **O fardo** – Agatha Christie
1135. **Manifesto do Partido Comunista (Mangá)** – Marx & Engels
1136. **A metamorfose (Mangá)** – Franz Kafka
1137. **Por que você não se casou... ainda** – Tracy McMillan
1138. **Textos autobiográficos** – Bukowski
1139. **A importância de ser prudente** – Oscar Wilde
1140. **Sobre a vontade na natureza** – Arthur Schopenhauer
1141. **Dilbert (8)** – Scott Adams
1142. **Entre dois amores** – Agatha Christie
1143. **Cipreste triste** – Agatha Christie
1144. **Alguém viu uma assombração?** – Mauricio de Sousa
1145. **Mandela** – Elleke Boehmer
1146. **Retrato do artista quando jovem** – James Joyce
1147. **Zadig ou o destino** – Voltaire
1148. **O contrato social (Mangá)** – J.-J. Rousseau
1149. **Garfield fenomenal** – Jim Davis
1150. **A queda da América** – Allen Ginsberg
1151. **Música na noite & outros ensaios** – Aldous Huxley
1152. **Poesias inéditas & Poemas dramáticos** – Fernando Pessoa
1153. **Peanuts: Felicidade é...** – Charles M. Schulz
1154. **Mate-me por favor** – Legs McNeil e Gillian McCain
1155. **Assassinato no Expresso Oriente** – Agatha Christie
1156. **Um punhado de centeio** – Agatha Christie
1157. **A interpretação dos sonhos (Mangá)** – Freud
1158. **Peanuts: Você não entende o sentido da vida** – Charles M. Schulz
1159. **A dinastia Rothschild** – Herbert R. Lottman
1160. **A Mansão Hollow** – Agatha Christie
1161. **Nas montanhas da loucura** – H.P. Lovecraft
1162. (28). **Napoleão Bonaparte** – Pascale Fautrier
1163. **Um corpo na biblioteca** – Agatha Christie
1164. **Inovação** – Mark Dodgson e David Gann
1165. **O que toda mulher deve saber sobre os homens: a afetividade masculina** – Walter Riso
1166. **O amor está no ar** – Mauricio de Sousa
1167. **Testemunha de acusação & outras histórias** – Agatha Christie
1168. **Etiqueta de bolso** – Celia Ribeiro
1169. **Poesia reunida (volume 3)** – Affonso Romano de Sant'Anna
1170. **Emma** – Jane Austen
1171. **Que seja em segredo** – Ana Miranda
1172. **Garfield sem apetite** – Jim Davis
1173. **Garfield: Foi mal...** – Jim Davis
1174. **Os irmãos Karamázov (Mangá)** – Dostoiévski
1175. **O Pequeno Príncipe** – Antoine de Saint-Exupéry
1176. **Peanuts: Ninguém mais tem o espírito aventureiro** – Charles M. Schulz
1177. **Assim falou Zaratustra** – Nietzsche
1178. **Morte no Nilo** – Agatha Christie
1179. **Ê, soneca boa** – Mauricio de Sousa
1180. **Garfield a todo o vapor** – Jim Davis
1181. **Em busca do tempo perdido (Mangá)** – P
1182. **Cai o pano: o último caso de Poirot** – Agatha Christie
1183. **Livro para colorir e relaxar** – Livro 1
1184. **Para colorir sem parar**
1185. **Os elefantes não esquecem** – Agatha Chr
1186. **Teoria da relatividade** – Albert Einstein
1187. **Compêndio da psicanálise** – Freud
1188. **Visões de Gerard** – Jack Kerouac
1189. **Fim de verão** – Mohiro Kitoh
1190. **Procurando diversão** – Mauricio de So
1191. **E não sobrou nenhum e outras peças** – Agatha Christie
1192. **Ansiedade** – Daniel Freeman & Jason Freeman
1193. **Garfield: pausa para o almoço** – Jim D
1194. **Contos do dia e da noite** – Guy de Maupassant
1195. **O melhor de Hagar 7** – Dik Browne
1196. (29). **Lou Andreas-Salomé** – Dorian Ast
1197. (30). **Pasolini** – René de Ceccatty
1198. **O caso do Hotel Bertram** – Agatha Chr
1199. **Crônicas de motel** – Sam Shepard
1200. **Pequena filosofia da paz interior** – Catherine Rambert
1201. **Os sertões** – Euclides da Cunha
1202. **Treze à mesa** – Agatha Christie
1203. **Bíblia** – John Riches
1204. **Anjos** – David Albert Jones
1205. **As tirinhas do Guri de Uruguaiana 1** Jair Kobe
1206. **Entre aspas (vol.1)** – Fernando Eichen
1207. **Escrita** – Andrew Robinson
1208. **O spleen de Paris: pequenos poemas prosa** – Charles Baudelaire
1209. **Satíricon** – Petrônio
1210. **O avarento** – Molière
1211. **Queimando na água, afogando-se na chama** – Bukowski
1212. **Miscelânea septuagenária: contos e poemas** – Bukowski
1213. **Que filosofar é aprender a morrer e outros ensaios** – Montaigne
1214. **Da amizade e outros ensaios** – Monta
1215. **O medo à espreita e outras histórias** – H.P. Lovecraft
1216. **A obra de arte na era de sua reprodu lidade técnica** – Walter Benjamin
1217. **Sobre a liberdade** – John Stuart Mill
1218. **O segredo de Chimneys** – Agatha Chr
1219. **Morte na rua Hickory** – Agatha Chris
1220. **Ulisses (Mangá)** – James Joyce
1221. **Ateísmo** – Julian Baggini
1222. **Os melhores contos de Katherine Mansfield** – Katherine Mansfied
1223. (31). **Martin Luther King** – Alain Foix

4. **Millôr Definitivo: uma antologia de** *A Bíblia do Caos* – Millôr Fernandes
5. **O Clube das Terças-Feiras e outras histórias** – Agatha Christie
6. **Por que sou tão sábio** – Nietzsche
7. **Sobre a mentira** – Platão
8. **Sobre a leitura** *seguido do* **Depoimento de Céleste Albaret** – Proust
9. **O homem do terno marrom** – Agatha Christie
0(32).**Jimi Hendrix** – Franck Médioni
.**Amor e amizade e outras histórias** – Jane Austen
.**Lady Susan, Os Watson e Sanditon** – Jane Austen
.**Uma breve história da ciência** – William Bynum
.**Macunaíma: o herói sem nenhum caráter** – Mário de Andrade
.**A máquina do tempo** – H.G. Wells
.**O homem invisível** – H.G. Wells
.**Os 36 estratagemas: manual secreto da arte da guerra** – Anônimo
.**A mina de ouro e outras histórias** – Agatha Christie
.**Pic** – Jack Kerouac
.**O habitante da escuridão e outros contos** – H.P. Lovecraft
.**O chamado de Cthulhu e outros contos** – H.P. Lovecraft
.**O melhor de Meu reino por um cavalo!** – Edição de Ivan Pinheiro Machado
.**A guerra dos mundos** – H.G. Wells
.**O caso da criada perfeita e outras histórias** – Agatha Christie
.**Morte por afogamento e outras histórias** – Agatha Christie
.**Assassinato no Comitê Central** – Manuel Vázquez Montalbán
.**O papai é pop** – Marcos Piangers
.**O papai é pop 2** – Marcos Piangers
.**A mamãe é rock** – Ana Cardoso
.**Paris boêmia** – Dan Franck
.**Paris libertária** – Dan Franck
.**Paris ocupada** – Dan Franck
.**Uma anedota infame** – Dostoiévski
.**O último dia de um condenado** – Victor Hugo
.**Nem só de caviar vive o homem** – J.M. Simmel
.**Amanhã é outro dia** – J.M. Simmel
.**Mulherzinhas** – Louisa May Alcott
.**Reforma Protestante** – Peter Marshall
.**História econômica global** – Robert C. Allen
33).**Che Guevara** – Alain Foix
.**Câncer** – Nicholas James
.**Akhenaton** – Agatha Christie
.**Aforismos para a sabedoria de vida** – Arthur Schopenhauer
.**Uma história do mundo** – David Coimbra
.**Ame e não sofra** – Walter Riso

1266. **Desapegue-se!** – Walter Riso
1267. **Os Sousa: Uma família do barulho** – Mauricio de Sousa
1268. **Nico Demo: O rei da travessura** – Mauricio de Sousa
1269. **Testemunha de acusação e outras peças** – Agatha Christie
1270(34).**Dostoiévski** – Virgil Tanase
1271. **O melhor de Hagar 8** – Dik Browne
1272. **O melhor de Hagar 9** – Dik Browne
1273. **O melhor de Hagar 10** – Dik e Chris Browne
1274. **Considerações sobre o governo representativo** – John Stuart Mill
1275. **O homem Moisés e a religião monoteísta** – Freud
1276. **Inibição, sintoma e medo** – Freud
1277. **Além do princípio de prazer** – Freud
1278. **O direito de dizer não!** – Walter Riso
1279. **A arte de ser flexível** – Walter Riso
1280. **Casados e descasados** – August Strindberg
1281. **Da Terra à Lua** – Júlio Verne
1282. **Minhas galerias e meus pintores** – Kahnweiler
1283. **A arte do romance** – Virginia Woolf
1284. **Teatro completo v. 1: As aves da noite** *seguido de* **O visitante** – Hilda Hilst
1285. **Teatro completo v. 2: O verdugo** *seguido de* **A morte do patriarca** – Hilda Hilst
1286. **Teatro completo v. 3: O rato no muro** *seguido de* **Auto da barca de Camiri** – Hilda Hilst
1287. **Teatro completo v. 4: A empresa** *seguido de* **O novo sistema** – Hilda Hilst
1288. **Sapiens: Uma breve história da humanidade** – Yuval Noah Harari
1289. **Fora de mim** – Martha Medeiros
1290. **Divã** – Martha Medeiros
1291. **Sobre a genealogia da moral: um escrito polêmico** – Nietzsche
1292. **A consciência de Zeno** – Italo Svevo
1293. **Células-tronco** – Jonathan Slack
1294. **O fim do ciúme e outros contos** – Proust
1295. **A jangada** – Júlio Verne
1296. **A ilha do dr. Moreau** – H.G. Wells
1297. **Ninho de fidalgos** – Ivan Turguêniev
1298. **Jane Eyre** – Charlotte Brontë
1299. **Sobre gatos** – Bukowski
1300. **Sobre o amor** – Bukowski
1301. **Escrever para não enlouquecer** – Bukowski
1302. **222 receitas** – J. A. Pinheiro Machado
1303. **Reinações de Narizinho** – Monteiro Lobato
1304. **O Saci** – Monteiro Lobato
1305. **Memórias da Emília** – Monteiro Lobato
1306. **O Picapau Amarelo** – Monteiro Lobato
1307. **A reforma da Natureza** – Monteiro Lobato
1308. **Fábulas** *seguido de* **Histórias diversas** – Monteiro Lobato
1309. **Aventuras de Hans Staden** – Monteiro Lobato
1310. **Peter Pan** – Monteiro Lobato
1311. **Dom Quixote das crianças** – Monteiro Lobato
1312. **O Minotauro** – Monteiro Lobato

lepmeditores
www.lpm.com.br
o site que conta tudo

IMPRESSÃO:

PALLOTTI
GRÁFICA

Santa Maria - RS | Fone: (55) 3220.4500
www.graficapallotti.com.br